中国社会科学院国情调研特大项目"精准扶贫精准脱贫百村调研"

精准扶贫精准脱贫百村调研丛书

CASE STUDIES OF TARGETED POVERTY REDUCTION AND
ALLEVIATION IN 100 VILLAGES

李培林／主编

精准扶贫精准脱贫
百村调研·三山井村卷

易地扶贫搬迁与包容性发展

刘同山　汪武静／著

社会科学文献出版社

SOCIAL SCIENCES ACADEMIC PRESS (CHINA)

中国社会科学院国情调研特大项目
"精准扶贫精准脱贫百村调研"
项目协调办公室

主　任：王子豪

成　员：檀学文　刁鹏飞　闫　珺　田　甜　曲海燕

总　序

调查研究是党的优良传统和作风。在党中央领导下，中国社会科学院一贯秉持理论联系实际的学风，并具有开展国情调研的深厚传统。1988 年，中国社会科学院与全国社会科学界一起开展了百县市经济社会调查，并被列为"七五"和"八五"国家哲学社会科学重点课题，出版了《中国国情丛书——百县市经济社会调查》。1998 年，国情调研视野从中观走向微观，由国家社科基金批准百村经济社会调查"九五"重点项目，出版了《中国国情丛书——百村经济社会调查》。2006 年，中国社会科学院全面启动国情调研工作，先后组织实施了 1000 余项国情调研项目，与地方合作设立院级国情调研基地 12 个、所级国情调研基地 59 个。国情调研很好地践行了理论联系实际、实践是检验真理的唯一标准的马克思主义认识论和学风，为发挥中国社会科学院思想库和智囊团作用做出了重要贡献。

党的十八大以来，在全面建成小康社会目标指引下，中央提出了到 2020 年实现我国现行标准下农村贫困人口脱贫、贫困县全部"摘帽"、解决区域性整体贫困的脱贫攻坚目标。中国的减贫成就举世瞩目，如此宏大的脱贫目标世所罕见。到 2020 年实现全面精准脱贫是党的十九大提出的三大攻坚战之一，是重大的社会目标和政治任务，中国的贫困地区在此期间也将发生翻天覆地的变化，而变化的过程注定不会一帆风顺或云淡风轻。记录这个伟大的过程，总结解决这个世界性难题的经验，为完成这个攻坚战献计献策，是社会科学工作者应有的责任担当。

2016 年，中国社会科学院根据中央做出的"打赢脱贫攻坚战"战略部署，决定设立"精准扶贫精准脱贫百村调研"国情调研特大项目，集中优势人力、物力，以精准扶贫为主题，集中两年时间，开展贫困村百村调研。"精准扶贫精准脱贫百村调研"是中国社会科学院国情调研重大工程，有统一的样本村选择标准和广泛的地域分布，有明确的调研目标和统一的调研进度安排。调研的 104 个样本村，西部、中部和东部地区的比例分别为 57%、27% 和 16%，对民族地区、边境地区、片区、深度贫困地区都有专门的考虑，有望对全国贫困村有基本的代表性，对当前中国农村贫困状况和减贫、发展状况有一个横断面式的全景展示。

在以习近平同志为核心的党中央坚强领导下，党的十八大以来的中国特色社会主义实践引导中国进入中国特色社会主义新时代，我国经济社会格局正在发生深刻变化，脱贫攻坚行动顺利推进，每年实现贫困人口脱贫 1000 多万人，贫困人口从 2012 年的 9899 万人减少到 2017 年的 3046 万人，在较短时间内实现了贫困村面貌的巨大改观。中国社会科学院组建了一百支调研团队，动员了不少于500名科研人员的调研队伍，付出了不少于3000个工作日，用脚步、笔尖和镜头记录了百余个贫困村在近年来发生的巨大变化。

根据规划，每个贫困村子课题组不仅要为总课题组提供数据，还要撰写和出版村庄调研报告，这就是呈现在读者面前的"精准扶贫精准脱贫百村调研丛书"。为了达到了解国情的基本目的，总课题组拟定了调研提纲和问卷，要求各村调研都要执行基本的"规定动作"和因村而异的"自选动作"，了解和写出每个村的特色，写出脱贫路上的风采以及荆棘！对每部报告我们都组织了专家评审，由作者根据修改意见进行修改，直到达到出版要求。我们希望，这套丛书的出版能为脱贫攻坚大业写下浓重的一笔。

中共十九大的胜利召开，确立习近平新时代中国特色社会主义思想作为各项工作的指导思想，宣告中国特色社会主义进入新时代，中央做出了社会主要矛盾转化的重大判断。从现在起到2020年，既是全面建成小康社会的决胜期，也是迈向第二个百年奋斗目标的历史交会期。在此期间，国家强调坚决打好防范化解重大风险、精准脱贫、污染防治三大攻坚战。2018年春节前夕，习近平总书记到深度贫困的四川凉山地区考察，就打好精准脱贫攻坚战提出八条要求，并通过脱贫攻坚三年行动计划加以推进。与此同时，为应对我国乡村发展不平衡不充分尤其突出的问题，国家适时启动了乡村振兴战略，要求到2020年乡村振兴取得重要进展，做好实施乡村振兴战略与打好精准脱

贫攻坚战的有机衔接。通过调研，我们也发现，很多地方
已经在实际工作中将脱贫攻坚与美丽乡村建设、城乡发展
一体化结合在一起开展。可以预见，贫困地区的脱贫攻坚
将不再只局限于贫困户脱贫，我们有充分的信心从贫困村
发展看到乡村振兴的曙光和未来。

　　是为序！

李培林

全国人民代表大会社会建设委员会副主任委员

中国社会科学院副院长、学部委员

2018 年 10 月

前　言

　　同心县是国家级贫困县，属于有"苦瘠甲天下"之称的宁夏西海固连片贫困区。为了修复生态环境、改善山区贫困人口的生活，2007年同心县率先在全区启动生态移民工程。至2016年底，全县先后从生态脆弱的山区搬迁贫困群众2.8万户近13万人，贫困人口从2011年的15.2万，减少为5.1万，贫困群众人均年收入由2011年的2000元提高到6907元。总体来看，同心县在移民搬迁、扶贫攻坚方面取得了不少成绩，但也存在一些突出问题。因此，在全面分析同心县相关工作及问题的基础上，以其中一个移民村庄做典型样本，开展"解剖麻雀"式的调查研究，对于深入理解我国的易地扶贫搬迁工作有重要意义。为此，课题组选择了同心县下马关镇的三山井村作为样本村，并按照中国社会科学院国情调研特大项目"精准扶贫精准脱贫百村调研"的总体要求，在2016年12月至2017年12月一年时间内，先后三次赴三山井村对村干部、农户进行问卷调查，并对重点案例进行深入访谈。

　　2016年11月，国务院《关于印发"十三五"脱贫攻坚规划的通知》要求易地搬迁脱贫实现"两个确保"的要求，既"确保搬迁群众住房安全得到保障，饮水安全、出行、用电等基本生活条件得到明显改善，享有便利可及的教育、医疗等基本公共服务，迁出区生态环境得到有效治理"，又"确保有劳动能力的贫困家庭后续发展有门路、转移就业有渠道、收入水平不断提高，实现建档立卡搬迁人口搬得出、稳得住、能脱贫"。同心县三山井村在第一个确保方面做出了很大成绩，但是在第二个确保上存在明显不足。问题的原因有多方面，其中最主要的是当地政府为三山井村引进的产业扶贫项目大多都失败了，没能产生预期效益，当然也没能带动贫困户增收。而且，由于土地质量太差，政府又实施禁牧，大部分生态移民户都被迫放弃了农业生产，于是外出务工和扶贫补贴成为三山井村贫困户的主要收入来源。但仍有很多劳动力没能充分就业，甚至"无事可做"。幸运的是，村里绝大部分农户的收入已经远超贫困线。

从扶贫攻坚的角度看，三山井村的扶贫工作还存在一些问题，最突出的是父子分户让低收入、无收入的老人成为贫困户，从而受到扶贫政策支持。现行的扶贫政策虽没有明令禁止这种做法，但是它混淆了扶贫和农民养老问题，实际上侵占了真正贫困户的宝贵扶贫资源，显然违背了精准扶贫的本意。而这种做法具有普遍性，需要有关部门重视。三山井村本来养羊户较多，但是由于政府禁牧，村里的养羊户已经很少，为了应付上级检查，出现了国务院扶贫办暗访组指出的"租羊借羊迎检"的现象。此外，非农就业机会缺乏，严重阻滞了贫困户脱贫增收。在国务院扶贫办、审计署和自治区等的检查督促下，同心县已经发现了一些问题并制定了整改措施，比如，加大"扶贫车间"的建设力度，创造就业机会；对一些村平均发放扶贫资金的做法进行惩处。

考虑到易地扶贫搬迁对贫困户生产生活的重大影响，大面积开展易地扶贫搬迁工作，必须慎之又慎。在连片贫困区内实施移民搬迁，如果没有产业的支撑，可能仅仅是将贫困集中，并不能消除贫困。为了改善易地扶贫搬迁工作，需要提高易地扶贫搬迁的包容性、协调性和综合性，扩大移民安置的范围，变集中安置为插花安置，同时打通相关政策促进农民搬迁。不仅如此，为了强化易地搬迁的脱贫效果，还需要改善扶持政策，提高产业扶贫项目的成功率及其对贫困户的带动性，同时发挥党"相信群众、依靠群众"的优良传统，让普通群众和社会力量参与到村庄的扶贫工作中来。

发现问题是解决问题的第一步，希望并相信我们的扶贫事业能做得更好。

目 录

第一章

生态移民与扶贫攻坚
政策及实践

易地搬迁是扶贫脱贫的重要手段，用以从根本上解决"一方水土不能养一方人"的问题。近年来，我国在易地扶贫搬迁方面做了大量工作，取得了突出效果。2016年国务院新闻办公室公布的《中国的减贫行动与人权进步》报告指出，"2012年以来，国家累计安排中央预算内投资404亿元，撬动各类投资近1412亿元，搬迁贫困人口591万人，地方各级统筹中央和省级财政专项扶贫资金380亿元，搬迁580多万贫困人口"。经国务院批准，国家发展改革委2016年9月印发的《全国"十三五"易地扶贫搬迁规划》提出，在2016~2020年五年间，完成981万人的易地搬迁任务，并采取多种手段，保证搬迁贫困人口的顺利脱贫。

　　宁夏回族自治区是我国贫困人口比较集中的地区之一。2015年底，宁夏有贫困人口58万，约占全区总人口（668万）

的 8.7%，农村贫困发生率高达 14.5%。从 20 世纪 80 年代起，为解决贫困问题，宁夏就曾采取村庄整体搬迁（也称为"吊庄搬迁"）的方式，将固原等南部生态脆弱地区的贫困人口搬迁到扬黄灌区。到 2015 年"十二五"时期末，宁夏在 30 多年中有 116 万人口被有组织地搬迁，占农村人口的 1/3 以上。[①] 可见，生态移民是宁夏回族自治区实现精准扶贫的重要方式，是政府主导的涉及众多农民的重大社会事件。要全面深入地考察同心县下马关镇三山井村的易地搬迁、精准扶贫及新社区的社会发展，必须对所在县乡的生态移民、精准扶贫政策及其实践有所了解。

第一节　所在县乡基本情况

同心县位于宁夏回族自治区中南部干旱带的核心区，东与甘肃环县相邻，南与固原市接壤，西与海原县相邻，北与中宁、红寺堡接壤，隶属吴忠市。全县总面积 4662 平方公里，辖 7 镇 4 乡 1 个管委会、154 个行政村、4 个居委会、总人口 39.8 万人。其中乡村（农业）人口 30.2 万人，占全县人口的 75.9%，回族人口 34.1 万人，占 85.7%；耕地总面积 212.45 万亩，其中水浇地 40.05 万亩、旱耕地 172.4 万

① 李培林:《实施生态移民，实现精准扶贫》，载王晓毅等《生态移民与精准扶贫——宁夏的实践与经验》，社会科学文献出版社，2017。

亩，宜林地 270 万亩，宜牧地 241 万亩，是典型的农牧交错区。整体来说，受制于生态环境和地理区位，同心县的经济发展水平相对缓慢。2017 年，同心县 GDP 为 61 亿元，在宁夏回族自治区 22 个县（市、区）中排名第 17 位；居民人均可支配收入为 13458 元，在宁夏回族自治区 22 个县（市、区）中排名第 16 位，其中城乡居民人均可支配收入分别为 22000 元和 8200 元。农村居民的人均可支配收入远低于全国农村居民人均可支配收入（13432 元）。

同心县境内沟壑纵横，根据地质地貌和开发程度，可分为"西部扬黄灌区、中部干旱山区、东部旱作塬区"三块区域。同心县属典型的温带大陆性气候，年均降水量不到 300 毫米，蒸发量在 2000 毫米以上，干旱缺水是最大的自然特征，中部丘陵、沟壑、山地、沙漠等地貌类型占总面积的 65.4%，生态环境脆弱。同心县是国务院 1983 年确定的重点扶贫开发县之一，也是 2011 年以来国家扶贫开发六盘山集中连片特殊困难地区 61 个核心贫困县之一。1936 年红军长征经过同心地区时，受到回汉两族群众的积极拥护和支持，并在此建立了中国共产党历史上第一个少数民族自治政权——陕甘宁省豫海县回民自治政府。同心县集革命老区、民族地区、贫困地区于一体，具有"三区"叠加的鲜明特征，与同属宁夏南部贫困山区的西吉、海原、固原、隆德、泾源、彭阳盐池等国家级贫困县被统称为"西海固"。由于流水切割及千百年来的盲目垦殖，西海固地区水土流失严重，除少量河谷川地外，大部分地方生存条件极差。清朝时，长期在西北生活的左宗棠曾指出，西海固地区"苦瘠甲天下"。20世纪30年代至70年代，西海固地区人口增加，水土流失加剧，1972年被联合国粮食开发署确定为不宜人类生存的地区之一。

下马关镇位于同心县东部，北靠韦州镇，东北、西南分别与盐池县和甘肃省的环县接壤，西距同心县城90余公里。下马关镇地处苦水沙川，整个地势南高北低呈盆地形状，80%以上的面积为平整滩地，土地肥沃。粮食作物以冬小麦、糜谷、荞麦为主，经济作物以土豆、油料、豆类为主。1936年6月，中国工农红军在豫旺县（今同心县）境内建立了工农（苏维埃）政权，驻下马关。2004年，下马关镇有农业人口16164人，耕地面积达27.4万亩（其中水浇地4890亩），人均耕地面积接近17亩。全镇种植面积超过6万亩的农作物有冬小麦、土豆、油料。各种小杂粮种植面积均超过2万亩，粮食作物位居全县旱作区各乡镇之首。不过，由于干旱缺水，大部分耕地的粮食产量都很低，以冬小麦为例，大部分耕地平均亩产量不到200斤，贫瘠一些的土地亩产量甚至不到100斤。除种植业外，下马关镇的养殖业发展也比较好，很多农民有养羊的传统。

2007年，同心县委、县政府决定将部分乡镇生活生产困难的群众作为生态移民，在本县内进行易地搬迁。下马关镇因人均耕地资源相对丰富，被选为生态移民迁入区，并于2009年全面启动生态移民搬迁安置工作。随着生态移民迁入，下马关镇人口持续增加。2017年底，下马关镇人口增加至62513人，其中51658人是乡村户籍，成为同心县乡村人口最多的一个镇。人口激增导致人均耕地面积急剧减少，全镇乡村人口人均耕地面积从 2004 年的 17 亩，减少至 2017 年底的 5.3 亩。为了让原村民让出土地，下马关镇政府在推进生态移民工作时，告诉原村民：移民安置后政府将投入资金对土地进行改造，改造后 1 亩地的收入能顶原来的 10 亩，而且能"沾"移民的光——用上自来水，走上沥青路，住上新房屋。

第二节　生态移民安排及进展

随着人口的持续增加，对土地的过度开发利用，宁夏中南部的生态环境不断恶化。为了有效遏制生态环境恶化，让中南部地区的贫困人口脱贫致富，1983 年宁夏回族自治区党委、政府按照"以川济山、山川共济"的思路，制定了扶贫开发政策，采取整村搬迁（也被称为"吊庄搬迁"）的方式，动员部分生产生活条件落后的贫困地区群众，到生产条件较好的地区创建新家园。至 2000 年底，宁夏回族自治区已经搬迁安置生态移民 19.8 万人。这一时期，作为自治区退耕还林、还草的重点县，同心县已经出现了零星的生态移民搬迁，主要是条件较好的农民不愿忍受恶劣的生存环境而"拔萝卜"式地自发搬迁。进入 21 世纪后，随着地区财政支付能力的提升和国家对生态支持保护力度的加大，宁夏回族自治区开始启动较大规模的生态移民。

2007 年，在总结同心县等地生态移民经验的基础上，宁夏回族自治区开始从经济社会发展的角度，统筹考虑包括同心县在内的西海固地区的扶贫开发，启动了以劳务创收和特色种养业为主要收入来源、以改善生产生活条件为主要目标的中部干旱带县内生态移民工程，提出全区将利用 2007~2011 年 5 年时间，投资 28.42 亿元，开发和调整土地 71.15 万亩，建设 42 个移民安置区，搬迁 20.68 万人。

2008 年 3 月，宁夏回族自治区中部干旱带县内生态移民工程在同心县韦州镇正式启动。按照同心县扶贫办主任马希丰的说法，"生态移民这个新名词在同心首先提出来，得到了自治区认可"。同心县生态移民的做法写入《宁夏"十二五"中南部地区生态移民规划》。与以往易地搬迁不同，此次生态移民主要采取县内移民的方式。移民新村将进行统一规划和建设，增加了村级活动场所、卫生室、科技服务站及农村商贸流通网络等，为移民户均安排 1 亩设施农业，同时配套安装沼气和太阳灶；移民住房标准也由原来的 40 平方米增加到 54 平方米。结合农村能源、种养设施等，统一进行庭院规划和建设，为移民创造良好的居住和生活条件。① 按照自治区的部署，同心县将在 2011 年之前搬迁 13.3 万人，占自治区总任务的 64%。其中 2008 年计划完成投资 7.1 亿元，建设 22 个移民项目区，搬迁安置移民 1.7 万户 7.7 万人。

同心县委、县政府把生态移民作为事关县内几十万农民根本福祉的头等大事和一号工程，按照"人随水流，水

---

① 苏志龙：《全区中部干旱带县内 20 万生态移民工程在同心县韦州镇启动　同心县将搬迁 13.3 万人》，《吴忠日报》2008 年 3 月 17 日。

随人走"的理念，于 2007 年在全区率先启动了县内生态移民工程。为了县内生态移民搬迁的顺利实施，同心县根据自治区的有关文件规定和会议精神，把"搬得出、稳得住、能致富"作为生态移民搬迁安置工作的基本导向，制定出台了《关于生态移民迁出区移民承包土地、草原和宅基地收归国有的若干政策规定》《关于认真做好农村户籍清理整顿工作的通知》等规范性文件，并将生态移民搬迁纳入部门和乡镇工作考核的主要内容。

至 2008 年 9 月，同心县县内生态移民安置区已经累计完成投资 9100 万元，共完成庭院平整 7000 座，建成移民房 2800 余套。到 2008 年底，同心县已经实施了韦州镇南门、下马关镇节灌（一期）、河西镇上河湾等 8 个生态移民项目，新建了 11 个移民村，建成移民房 8715 套，完成 5 个项目区的水利配套工程、土地开发及分配任务。在县内生态移民工程启动 1 年多的时间内，已经实现生态移民定居 3417 户 16327 人。下马关镇是同心县最早承接生态移民的乡镇之一，镇内主要有南安村、陈儿庄村、郭儿庄村（后改名为三山井村）等生态移民安置点。同心县生态移民坚持有土安置，通过实施宁夏中北部土地开发整理重大工程，2010 年开发土地 10.5 万亩，使 79294 名生态移民"稳得住、能致富"。2013 年，生态移民安置村的移民人均纯收入由搬迁前的 1300 元左右，增长到 4000 元以上，生态移民的脱贫效果显著。到 2014 年底，同心县内移民累计完成投资 20 亿元，建成移民住房约 1.8 万套，调整开发土地 20 余万亩，县内外共搬迁安置移民 2.7 万户

12 万余人，已经完成"十二五"总移民任务的 90%。

随着生态移民搬迁安置工作进入最后攻坚期，同心县也不断加大组织实施力度。2016 年，同心县编制出台了《同心县"十三五"易地扶贫搬迁 2016 年实施方案》和《同心县"十三五"易地扶贫搬迁 2016 年县内劳务移民安置方案》，提出 2016 年安置 1268 户 4646 人，其中，就近安置 368 户 1436 人、劳务移民 900 户 3210 人。在宁夏回族自治区区委、区政府的大力支持下，同心县的生态移民工作取得了突出成绩。至 2016 年底，全县先后从生态脆弱的山区搬迁贫困群众 2.8 万户近 13 万人，使移民群众摆脱了山大沟深、干旱缺水、发展无望的恶劣环境。2017 年，同心县生态移民人均可支配收入达到 6312 元，比 2014 年的 4600 元增加了 1700 多元。为了让生态移民区内的贫困农户受到扶贫政策支持，同心县率先出台了《生态移民迁出区剩余和新增遗留人口安置方案》，对于生态移民区内不愿迁移的人口和新增人口，采取户均奖补 4 万元的方式，解决 4300 余户迁出区移民安置问题。

第三节　扶贫攻坚举措及成效

在党中央提出"十三五"完成扶贫攻坚的政治要求后，同心县成立了由县委书记任组长，人大、政府、政协主要领导任副组长的脱贫攻坚领导小组，制定了《同心县脱贫攻坚三年行动计划》、《同心县脱贫攻坚责任清单》和《同心县2016年26个脱贫考核销号实施方案》等文件，并发出《关于印发同心县2018年脱贫攻坚整村推进项目实施方案的通知》《关于印发同心县2014–2017年脱贫户巩固提升项目实施方案的通知》《同心县2018年"421"产业扶持奖补项目实施方案的通知》等指导性文件。

除了将生态脆弱山区的贫困农户搬迁至农业生产条件较好的地区外，同心县还积极创新、多措并举，在"挪穷窝"的同时，力争能够"刨穷根、改穷业"。作为受到国内外广泛关注的宁夏回族自治区国家级贫困县，同心县近年来实施了产业扶贫、金融扶贫、教育扶贫等十大脱贫攻坚工程，建立了产业、金融、教育、生态、光伏和劳务等六大精准扶贫模式，构建了行业、专业、社会帮扶三大扶贫格局，初步实现了精准识别、产业扶持、教育培训、责任帮扶到村到户，基础设施到村，项目资金、帮扶措施到户。总的来看，同心县在精准扶贫方面开创性地探索出了多种脱贫增收模式，形成了一些颇具特色的扶贫脱贫经验。概括起来，主要有以下八个方面。[①]

一是培育特色产业＋培育扶贫带头人的双轮驱动扶贫模式。一方面，按照"公司＋基地＋农户＋科技服务团队＋基层党建"的协同发展模式，着力构建现代农业产业体系、生产体系、经营体系和"县有片区、乡有产业、村有项目、户有支撑"的特色产业发展格局。另一方面，同心

---

① 资料来源：同心县政府办公室，2018年。

县还推进"强龙工程",深入开展"三大三强"行动、实施"两个带头人"工程,严格落实村级办公经费和为民服务资金,将村干部工资与星级基层党组织创建直接挂钩,加快培育精准扶贫带头人。

二是"扶贫车间(园区)+贫困户"的扶贫模式。为了发展扶贫车间,同心县出台了《关于降低扶贫车间企业成本十条意见》,打造低成本工业园区,对符合条件的扶贫车间和相关企业给予补贴。截至 2017 年底,已有 71 家企业入驻同心县的同德园区,投产 57 家,吸纳就业人员 3250 人,1000 余名建档立卡贫困群众实现了稳定就业。另外,下马关镇政府附近的宁夏亿金民族服饰扶贫车间(见图 1-1)已经建成投产,旱天岭村扶贫车间即将投产,田园村扶贫车间正在加快建设。

图 1-1 同心县下马关镇的扶贫车间

说明:除特殊注明外,本书所有图片均由课题组在调研期间拍摄。

三是"金融助力 + 贫困户"的扶贫模式。同心县分别与南京证券、建设银行宁夏分行、人保财险宁夏分公司等进行"一司一县""一行一县""一保一县"结对，形成了贫困户贷款政府担保的"政融保"模式。截至 2017 年底，各金融机构为 2.05 万户建档立卡贫困户发放贷款 8.8 亿元，户均 4.3 万元，建档立卡贫困户贷款覆盖率达 74.3%。惠民担保公司在保贷款余额 3.2 亿元，有效解决了贫困群众的"贷款难"问题。

四是提升贫困户的土地及其他资源资产收益的增收扶贫模式。在政府有关部门的协调下，贫困户将土地流转给龙头企业、合作社、种植大户，发展有机枸杞、中药材、酿酒葡萄等特色产业，贫困户不仅在特色产业发展中增加经营性收入，而且在产业基地打工增加工资性收入，还可以在土地流转中增加财产性收入，一举多得。另外，同心县还有将资源资产和扶贫资金入股到合作社获得分红的扶贫模式。贫困户以土地、牛羊等资产入股合作社，发展规模化种养殖，每年每户可得到 3 万~5 万元的分红。

五是贫困户分散的小微养殖或"基地 + 农户"的园区养殖扶贫模式。采取政府提供鸡苗、鸡笼的办法，支持发展滩鸡养殖，每 200 只鸡的收入达到 1 万元左右。目前，中核集团、县内企业等已为同心县建档立卡贫困户提供鸡苗近 4 万只。不仅如此，同心县还在下马关等乡镇采取"基地 + 农户"的方式开展黑毛驴养殖，并与山东东阿集团签订产销订单协议。

六是光伏产业扶贫模式。同心县是宁夏回族自治区首批光伏扶贫试点县，也是全区最先开展光伏扶贫规划的县（市、区）。2014年底，同心县委托中国电建宁夏院编制完成了《同心县2015~2020年光伏扶贫项目规划》。按照此规划，同心县将采用"政府引导、国家补助、市场运作、村级入股、群众参与"的方式，在全县5个镇20个移民村和2个自然村实施光伏扶贫行动计划，利用2015~2020年6年时间，完成覆盖1.8万贫困户的分布式光伏扶贫项目。同时，同心县还在同德慈善产业园区羊绒产业区和中小企业创业孵化园建设工业园区厂房屋顶光伏电站，在各移民村和自然村周边的8块荒山荒坡建设集中并网光伏电站。至2020年规划完成之际，同心县的光伏扶贫项目总建设规模将达65.5万千瓦，工程总投资约50亿元。至2017年底，光伏扶贫项目已投资1亿多元，在19个贫困村村部和3000户建档立卡贫困户屋顶架设了采光板。

七是健康、教育、就业等多方位保障的综合扶贫模式。首先，实施"健康扶贫惠民工程"，注资1000万元设立健康扶贫基金，全面推行"先住院、后付费"和一站式结算。建档立卡户和特困供养人员住院就医人均每年最高报销可达到16万元，个人负担费用不超过5000元，全力减少因病致贫、因病返贫人口数量。投入资金1210万元全面实施"扶贫保"，实现建档立卡贫困户意外伤害保险和财产类保险全覆盖。其次，筹资4150万元设立教育扶贫基金，专门资助建档立卡贫困户在校学生，实现教育资助和免费教育"两个全覆盖"。截至2018年2月，教育扶贫基金已累计资助学生 3.95 万人次，发放资助金 758.59 万元。最后，加大力度促进贫困户务工就业。同心县在建档立卡贫困户中，选聘生态护林员 1150 名，每人每年管护 500 亩以上，年工资补助达 1 万元，同时对于有稳定务工单位和务工收入的贫困户，给予往返车票补助或现金奖励。

八是根据不同类型农户的差别化需要，实行的包容性易地搬迁扶贫模式。同心县在整村定点搬迁的基础上，采取以县内劳务移民安置为主、就近安置为辅的思路，先后建成马高庄村等 5 个移民点，回购清水壹号普通商品房 1000 套，搬迁安置移民 2570 人，住房分配到户 1000 户 4509 人。采取自谋出路、市场化安置的方式，按照户均 4 万元的奖补标准，妥善安置移民迁出区剩余和新增人口，2018 年估计将完成 1000 户自发移民补偿工作。另外，县里下发了《关于将生态移民迁出区集体所有土地收归为国有的决定》，将生态移民迁出区涉及乡镇行政村和农户所有集体土地均收归为国有土地，用于生态修复。

同心县的精准扶贫达到了很好的效果。到 2016 年，同心县贫困人口由 2011 年的 15.2 万人减少到 5.1 万人，贫困面由 38.4% 下降到 20.2%，贫困村由 2011 年的 100 个减少到 35 个，贫困群众收入由 2000 元提高到 6907 元。至 2017 年，13 个贫困村销号，5229 户 20611 人脱贫，贫困发生率由 2014 年的 32.1% 下降到 11.93%，全县贫困群众人均可支配收入达到 7400 元，小康综合指数由 2012 年的 64.1% 提高到 79.4%。为了巩固扶贫效果，提高脱贫户自身"造血"功能，2016 年同心县出台奖励办法，建立了"421"机制。所谓"421"机制，是指按照"脱贫不脱政策"和"扶持发展项目自选"原则，坚持"扶持标准确定，发展项目自选，能发展什么产业就鼓励发展什么产业"的帮扶思路，对脱贫的脱贫户，脱贫当年（第一年）给予4000元奖补，第二年给予2000元奖补，第三年给予1000元奖补，并辅以其他配套扶贫增收项目，以支持贫困户发展产业，巩固提升脱贫效果。2016年，同心县筹措4500余万元，奖励1万多户脱贫户，初步构建了变"要我脱贫"为"我要脱贫"的长效机制。同心县的不少扶贫工作受到国务院扶贫办、全国工商联的肯定，其"扶贫+"脱贫富民模式被人民日报社《民生周刊》评为2017年全国民生示范工程。

第四节　扶贫存在的问题及整改

毫无疑问，同心县作为国家级贫困县，近年来在生态移民、扶贫开发等方面做出了很多探索，也取得了很多成绩，工作值得肯定。不过，回顾同心县的生态移民做法和精准扶贫措施，结合课题组在下马关镇的实地调研，可以发现，当地的精准扶贫精准脱贫工作也存在一些突出问题及潜在隐患。这些问题在审计署、国务院扶贫办暗访组、宁夏回族自治区党委、政府脱贫攻坚督查组等政府部门的调查报告中有明显体现。

2017 年 1~3 月，审计署对同心县 2016 年扶贫政策落实，扶贫资金分配、管理和使用，扶贫目标和扶贫项目建设运营情况进行了审计，并于 2017 年 8 月通过宁夏回族自治区扶贫开发领导小组反馈了同心县在脱贫攻坚方面存在的九大问题，具体包括：①扶贫工作精度不强，存在"垒大户""造盆景"现象，以及追求短期效应的问题；② 2016 年建档立卡精准识别不扎实，身份证录入信息不准确（1003 人），已死亡但未及时更新退出（262 人）；③发现建档立卡对象为财政供养人员或其名下有轿车、商品房、公司股权等明显不符合建档立卡条件的情况 123 户 503 人；④县财政局滞留生态移民、易地扶贫搬迁、以工代赈等扶贫资金，导致 3386.88 万元扶贫资金闲置一年以上不到两年；⑤县扶贫办闲置一年以上不到两年扶贫资金 464.63 万元；⑥由于统筹整合涉农部门缺乏有效协调，没有真正建立起统筹整合机制等原因，同心县 2016 年 12 月底才出台试点方案，统筹整合没有实质性进展，闲置一年以上扶贫资金、以工代赈等资金尚未整合使用；⑦经办人员审核把关不严，导致 2016 年同心县向 7 户重复发放"整村推进"项目补助资金 3.94 万元；⑧王团镇大沟沿村召开群众大会，将"双到"项目资金发放给建档立卡贫困户后，由村民小组（违规）按组内户数平均发放，共计 43.2 万元；⑨县扶贫办在 2016 年精准能力培训项目未组织考核验收的情况下拨付培训机构 50% 培训费，共计 361.2 万元。①

---

① 同心县脱贫攻坚工作领导小组会议材料之三:《国家审计署发现问题整改进展及下一步工作计划》（内部材料）。

2017年8月，国务院扶贫办暗访组走访了同心县，发现同心县在脱贫攻坚工作中存在一些突出问题，具体包括：①贫困户未将扶贫小额信贷资金用于发展生产，而是挪为他用（建房、看病和偿还贷款等），并存在先收取利息再贴息的现象；②"十二五"时期部分生态移民新村问题突出，部分移民村安置房空置率很高，甚至达到一半以上，政府扶持建设的温棚几乎没有使用，牛羊圈棚空置率也很高，移民点没地没草又缺水，发展生产非常困难；③部分贫困户和脱贫户尤其是回族群众反映外出务工难，打工稳定性差，收入没保障；④一些贫困村存在缺水现象和水费过高问题，人畜饮水和灌溉用水没有保障，少量贫困户日常用水仍以雨水和渠水为主，有的地方自来水管道建了，但是没有通水，个别地方有些农户需缴纳税费累计达两三千元，引发的纠纷导致村里的自来水停供达两年之久；⑤在实施到户产业扶持项目过程中，有的村普遍存在租借牛羊应付验收，套取养羊养牛补助款和脱贫奖励资金的现象，租借牛羊应付检查的问题主要集中在下马关镇的部分移民村；⑥贫困户识别和退出不够精准，一些贫困户已经达到脱贫标准，但仍然是贫困户，有的村贫困户退出搞一刀切，集中在一年内要求大部分贫困户脱贫销号，相当数量的贫困户不清楚自己是哪一年被识别为贫困户，很多也不知道自己已被认定脱贫；⑦结对帮扶工作不扎实，部分贫困户的帮扶责任人是村组干部、村致富带头人，他们帮扶能力不强，走访贫困户比较少，而且帮扶措施严重欠缺，贫困户实际困难得不到及时解决；⑧产业扶贫搞小

图1-2　同心县三山井村2009年盖好后一直闲置的移民住房

型"大水漫灌"，一些产业扶贫项目确定的扶持对象覆盖了所有贫困户，不论贫困户是否有技术、有意愿、有劳动能力都可以获得资金支持，有些贫困户和脱贫户获得资金扶持后并没有发展产业，一些移民贫困户生活富裕，并未在移民点居住，但在移民点购置了3~4套安置房，不仅落实产业扶贫政策能得到扶持，而且享受了出售房屋贫困户的扶持指标；⑨教育、健康扶贫政策宣传不到位，群众知晓度不高，一些政策落实存在偏差，比如某贫困户扶贫手册显示，该户2014年被定为贫困户，2015年有家庭成员生病住院花费17万元，健康扶贫只报销了7万多，贫困户自己负担了10万元。①

　　审计署和国务院扶贫办暗访组发现的问题，不仅得到

---

① 同心县脱贫攻坚工作领导小组会议材料之四:《国务院扶贫办暗访发现问题整改进展及下一步工作计划》(内部材料)。

了宁夏回族自治区委、政府、自治区有关部门的认可，而且在甘肃省检查组按照国务院扶贫办建档立卡动态调整省级交叉检查要求对同心县进行检查时，也得到了进一步验证。甘肃省检查组在交叉检查时发现，同心县的建档立卡工作存在贫困人口"漏评""错评"，脱贫人口"错退"和贫困户确定程序执行不规范等突出问题。对国家、自治区和甘肃省检查组发现的各种问题，同心县"高度重视、照单全收"，并采取两方面措施加强扶贫攻坚工作。

一方面，同心县处理了一批扶贫攻坚工作不力或滥用职权的乡村干部。2017年7月，同心县王团镇、下马关镇的多名乡村干部因扶贫不精准、平均分配扶贫资金受到党内警告或严重警告处分。2017年11月，宁夏纪委监察厅公布了同心县的6起涉农扶贫领域的腐败典型案件：①马高庄乡邱家渠村村干部平均发放扶贫专项资金、违规上报建档立卡户；②田老庄乡李家山村村干部平均发放扶贫专项资金、违规领取补助资金；③下马关镇下垣村村干部虚报冒领退耕还林和农资补贴补助资金；④下马关镇张家树村村干部在发放春节慰问品、发放救灾青草籽过程中优亲厚友，且未按照议事规则，自主决定村级事宜；⑤建档立卡户中出现"五有人员"，给予党内警告处分；⑥"三类人员"违规享受城乡低保，给予党内警告处分，并追缴违规所得。

另一方面，同心县针对扶贫攻坚工作存在的问题，制定了具体的整改措施，明确了责任单位，并规定了严格的完成时限。比如，关于国务院扶贫办暗访组提出的部分生态移民新村安置房和牛羊圈棚空置率高,政府扶持建设的温棚几乎没有使用,移民点没地没草又缺水、发展生产非常困难等问题,同心县做了整改。针对移民房屋空置问题,同心县做了专门调查,发现全县20个移民村实际建设移民住房17614套,已分配到户17094套,仅有河西镇旱天岭村520套尚未分配到户;从居住情况看,有5819户移民住房空置,占移民住房总数的1/3(课题组调查发现,三山井村移民安置住房空置的比例与此相近);针对圈棚安置问题,同心县按照"一村一品"的发展思路,制订了《同心县生态移民村庭院经济发展实施方案》,实施生态移民村产业发展三年行动计划,盘活、整合生态移民村限制土地和棚圈设施,有针对性地种植苹果、核桃、葡萄、黄花、花椒、芦笋等,引导生态移民发展庭院经济。截至2017年10月,同心县已经在下马关镇窖坑子村改造闲置育苗温棚50余座,集中连片种植芦笋1000余亩;2018年春季在旱天岭等3个生态移民村庭院种植苹果树1.5万亩;筹资60余万元,为菊花台村、旱天岭村户均投放鸡苗30~40只,鼓励建档立卡贫困户利用闲置温棚和牛羊圈棚养鸡。

第二章

村民的生产生活

三山井村原名郭儿庄村，隶属宁夏回族自治区同心县下马关镇，在被县里确定为生态移民集中安置点后，因三面环山、地势较低而更名为三山井村。三山井村距同心县城 70 公里，距下马关镇 7 公里，是一个非常典型的生态移民集中安置村。自 2009 年启动县内生态移民搬迁安置工程以来，至 2016 年底，三山井村全村有 8 个村民小组，共 1564 户 5934 人，其中生态移民 1090 户 4132 人，占三山井村全体村民的 70%。大部分移民是基于宁夏回族自治区和同心县 2007 年启动的县内生态移民政策，从本县生态比较脆弱的马高庄乡搬迁过来。全村共有党员 146 人、村干部 6 人，村域面积达到 5.2 平方公里，有耕地 27746 亩、林地 1000 亩。农户的承包地有 13650 亩，人均承包地面积达 2.3 亩，全村承包地的流转比例达到 49.20%。

由于水源缺乏，且土质不适宜种植粮食作物，没有进行流转的农地被大量抛荒。村内未抛荒的耕地主要用来种些小麦、荞麦和胡麻。当地农作物一年一熟，且产量非常低，以小麦为例，正常年景每亩地的产量也不到 200 斤，个别地块或遇到特别干旱的年份，亩产只有几十斤。平均来看，不算人工投入和自家土地折租，三山井村每亩地一年的农业经营收入也只有 100 元左右。三山井村干旱贫瘠的土地如图 2-1 所示。

近年来，宁夏回族自治区将生态移民和扶贫攻坚结合起来，制定了一系列配套政策，形成了生态移民完善的政策保障体系，以"既要搬得出，还要稳得住，逐步能致富"的理念对三山井村进行扶贫开发建设。采用工业化理念谋划移民，强化技能培训，力促移民转化为产业工人，将移民村建设与城镇化发展紧密结合，政策、项目和资金向生态移民工程倾斜，一直以促进移民增收为核心，大力探索发展带动村民致富的产业。2014 年，三山井村建档立卡贫困户 1148 户 4089 人，此后几年，随着扶贫力度不断加大，在各级政府的大力支持下，三山井村的贫困户逐渐脱贫。2014 年脱贫 9 户 45 人、2015 年脱贫 52 户 195 人，2016 年脱贫 368 户 1510 人。至 2017 年 8 月，全村有 74 户 202 人暂未脱贫。为了解三山井村的扶贫工作，课题组在 2016 年 12 月至 2017 年 12 月一年的时间内，三次驻村入户，采用随机抽样问卷调查和重点案例访谈等方式，对其生态移民和精准扶贫精准脱贫工作进行了深入全面的实地调查。本章主要介绍三山井村民的生活生产情况。

图 2-1 三山井村干旱贫瘠的土地

第一节　生活现状

《中国农村扶贫开发纲要（2011–2020年）》提出，到2020年我国扶贫开发针对扶贫对象的总体目标是："稳定实现扶贫对象不愁吃、不愁穿，保障其义务教育、基本医疗和住房"，简称"两不愁、三保障"。2015年11月召开的中央扶贫开发工作会议强调，"十三五"期间脱贫攻坚的目标是，到2020年稳定实现农村贫困人口不愁吃、不愁穿，农村贫困人口义务教育、基本医疗、住房安全有保障；同时实现贫困地区农民人均可支配收入增长幅度高于全国平均水平、基本公共服务主要领域指标接近全国平均水平。因此，考察三山井村的生态移民和精准扶贫效果，除了义务教育、公共基础设施外，还需要关注村民尤其是贫困户的住房、日常开支、借贷（负债）情况等。

一　村民住房状况

作为2009年启动的生态移民安置点和国家重点贫困县的省级贫困村，在相关政策的支持下，相对其他贫困地区，三山井村大部分村民包括贫困户的住房条件比较好。原村民（又称老户）方面，很多原村民通过申请政府的危房改造补贴项目，或者依靠自己的经济实力，将旧房或者窑洞翻新，盖起了宽敞明亮的砖瓦房，图2-2为三山井村原村民废弃的窑洞。新移民（又称新户）方面，生态移民在三山井村的住

图 2-2　三山井村原村民废弃的窑洞

图 2-3　三山井村生态移民户的住房及硬化到户的水泥路

房原本全部是政府统一盖的砖瓦房，最初主要是 30 平方米、54 平方米两种规格，不过宅基地面积较大，一般在 1 亩左右。在搬迁过来后，不少经济状况较好的生态移民都加盖了一些房屋。

由表 2-1 知，三山井村贫困户中，有 93.75% 的村民房子是 2009 年及以后盖的新房。2009 年，三山井村县内生态移民安置点和住房建成，生态移民开始迁入，上述结果不令人意外。而在非贫困户中，有 90.91% 的村民房子是 2009 年及以后盖的新房，表明近年来国家和自治区的扶贫政策对三山井村村民住宿条件改善有很大帮助。相比而言，非贫困户中的原村民，2009 年以前盖新房的比例更高。很多家庭经济条件较好的农户在 2009 年以前已经改善了住房条件。此外，在 2009 年生态移民迁入以后，56.26% 的贫困户加盖了房子，66.66% 的非贫困户也加盖了房子。考虑到"两不愁、三保障"是精准扶贫的重要目标，上述结果表明宁夏回族自治区、同心县的生态移民政策和国家的精准扶贫政策在改善农民住房条件方面达到了明显效果。

表 2-1 三山井村样本村民房屋修建年份

单位：户，%

修建年份	贫困户		非贫困户	
	样本数	占比	样本数	占比
2009 年以前	2	6.25	3	9.09
2009 年	12	37.50	8	24.24
2009~2014 年	13	40.63	16	48.48
2015 年以后	5	15.63	6	18.18

资料来源：精准扶贫精准脱贫百村调研－三山井村调研。

说明：本书统计图表，除特殊标注外，均来自三山井村调研。

三山井村民的住房总体都比较新，也比较宽敞。课题组对贫困户和非贫困户的抽样调查发现，在 2016 年，建档立卡贫困户的家庭人均住房面积为 26.05 平方米，而非贫困户的家庭人均住房面积为 32.88 平方米，且超过 90% 的村民住房是在 2009 年及以后新盖或者翻盖。可见，受惠于强有力的扶贫政策，不论是原村民，还是新村民，三山井村民的住房条件较好。当然，因经济状况较好，三山井村非贫困户的家庭人均住房面积明显比贫困户更大。在课题组随机抽取的 32 户贫困户和 33 户非贫困户中，53.13% 的建档立卡贫困户的家庭人均住房面积超过 100 平方米；69.69% 的非贫困户住房面积超过了 100 平方米。家庭住房总面积小于 54 平方米的贫困户有 10 户，占 31.25%；家庭住房总面积小于 54 平方米的非贫困户只有 4 户，占 12.21%，结果如表 2-2 所示。

表 2-2 2016 年三山井村村民住房面积分布情况

单位：户，%

家庭人均住房面积	贫困户		非贫困户	
	样本数	占比	样本数	占比
54 平方米以下	10	31.25	4	12.12
54~100 平方米	5	15.63	6	18.18
100~150 平方米	15	46.88	15	45.45
150 平方米以上	2	6.25	8	24.24

二 村民日常开支状况

恩格尔系数，也就是居民家庭中食物消费支出占消费总支出的比重，随家庭收入的增加而下降。恩格尔系数法是国际上常用的一种测定贫困线的方法，系数越大意味着越贫困。中国社会科学院农村发展研究所在《农村绿皮书：中国农村经济形势分析与预测（2016~2017）》指出，2016年全国农村的恩格尔系数下降，其中农村居民人均食品烟酒支出占比为32.2%，比上年下降0.8个百分点。① 调查发现，2016年三山井村居民每户的食品消费开支平均为11741.41元，约占家庭总消费支出的47.4%，也就是说三山井村的恩格尔系数比全国农村高出15.2个百分点，表明与全国大部分农民的生活相比，三山井村民的生活仍然相对贫困。

从不同的消费项目来看，三山井村民的日常开支主要包括食品消费、医药费、孩子上学的教育费、亲戚朋友婚丧嫁娶的礼金，以及每人最低100元的养老保险金和90元的合作医疗保险费用。食品、医药、教育和礼金是三山井村民主要的开支项目。由表2-3可以看出，随机抽取的32户贫困户中，平均每户2016年消费28088.96元；在随机抽取的33户非贫困户中，平均每户2016年消费34652.05元。在2016年，32户贫困户的食品消费、医药费、教育费以及礼金支出分别占其家庭消费总开支的41.80%、25.38%、20.08%和10.86%；对33户非贫困户来说，这4类消费支出分别占家庭总消费支出的32.60%、22.65%、29.92%和12.45%。比较发现，三山井村贫困户

① 魏后凯、黄秉信：《农村绿皮书：中国农村经济形势分析与预测（2016~2017）》，社会科学文献出版社，2017。

在食品、医药方面的开支高于非贫困户，而在教育、礼金等方面的支出略低于非贫困户。

表 2-3　2016 年三山井村村民的消费支出情况

单位：元，%

开支项目	贫困户				非贫困户			
	平均值	最大值	最小值	占比	平均值	最大值	最小值	占比
家庭总消费	28088.96	61950	3680	100	34652.05	102570	490	100
食品消费	11741.41	39500	1300	41.80	11296.97	54000	400	32.60
医药费	7128.15	35000	0	25.38	7847.619	32000	0	22.65
教育费	5641.59	37000	0	20.08	10367.5	37300	150	29.92
礼金支出	3050.00	10000	600	10.86	4315.63	10000	300	12.45
养老保险金	200.00	400	100	0.71	319.17	1600	100	0.92
合作医疗保险费	327.81	720	90	1.17	505.16	6500	90	1.46

注：占比 = 各项消费 / 总消费 ×100%。

1. 食品消费开支

无论是贫困户还是非贫困户，家庭总消费中所占比重最大的都是食品消费开支。贫困户中食品消费最高的农户 2016 年开支 39500 元，非贫困户中食品消费最高的农户 2016 年开支达到 54000 元。即便考虑家庭人口数量的差别，非贫困户在食品消费方面的人均支出也明显高于贫困户。这表明当地农户尤其是贫困户有改善饮食状况的动力。从表 2-4 中可以看出，贫困户和非贫困户食品消费分布比较接近，大概有三成的家庭 2016 年的食品消费在5000 元以下，有三成的家庭食品消费在 5000~10000 元，三成的家庭 2016 年的食品消费在 10000 元以上。

表 2-4 2016 年三山井村村民的各项消费分布情况

单位：户，%

消费项目	指标	贫困户		非贫困户	
		样本数	占比	样本数	占比
食品消费	5000 元以下	10	31.25	12	36.36
	5000~10000 元	10	31.25	9	27.27
	10000 元以上	12	37.50	12	36.36
医药费	没有医药费	7	21.88	13	39.39
	3000 元以下	9	28.13	11	33.33
	3000~10000 元	11	34.38	4	12.12
	10000 元以上	5	15.63	5	15.15
教育费	没有教育费	16	50.00	13	39.39
	0~3000 元	4	12.50	8	24.24
	3000~10000 元	9	28.13	6	18.18
	10000 元以上	3	9.38	6	18.18
礼金支出	没有礼金支出	4	12.50	1	3.03
	1~1000 元	3	9.38	3	9.09
	1000~2000 元	11	34.38	5	15.15
	2000~3000 元	7	21.88	5	15.15
	3000~6000 元	5	15.63	13	39.39
	6000~10000 元	2	6.25	6	18.18

食品消费占家庭总消费的比重较大，一方面是由于相对贫困，经济收入较低导致农民不得不将更大比例的资金用于购买食物，另一方面是由于一些村民的孩子较多，个别家庭还有 2~3 个孩子在外上高中或读大学，也就是说有更多的人口需要抚养。相比而言，长期在村里生活且很少外出的村民，因为吃自家种植的粮食，自家养殖的鸡肉、羊肉，一部分蔬菜也可以自家生产，从市场上购买的农产品较少，有较强自给自足的小农经济色彩，其食品开支占家庭总消费支出的比重较小，一家人一年的食品消费不到 2000 元。

2. 医药费开支

不论是贫困户，还是非贫困户，医药开支都比较大。65户样本农户平均2016年的医药费开支在7000元以上，最多的一户2016年的医药费开支达35000元。由表2-4可以看出，有78.14%的贫困户有医药费的开支，60.60%的非贫困户有医药费开支，其中分别有15.63%、15.15%的贫困户和非贫困户2016年家庭医药费开支超过10000元。在32户贫困户中，有21户（65.63%）家中有人患腰椎间盘突出、脚踝骨裂、脑梗、心脏病、肾结石、肺结核以及一些妇科疾病等，除新型农村合作医疗保险（以下简称新农合）报销部分医药费用外，有2户贫困户2016年还自己支付了2万元以上的医药费，4户支付了1万元以上的医药费，16户支付了2400~7000元不等的慢性病、大病医药费。

在33户非贫困户中，有12户（36.36%）家中有人患股骨头坏死、冠心病、腰椎间盘突出、胃炎、心肌缺血等慢性病甚至重大疾病，除了新农合报销部分费用外，这些家庭2016年支付的医药费用数额在10000~37000元。可见，无论是贫困户还是非贫困户，一旦家人有人患有慢性病、重大疾病，其医药开支都会给家庭带来沉重的负担。对于经济状况较差的贫困户来讲，家里若有人患有慢性病或重大疾病，将会产生很大的经济压力。如果是家里的主要劳动力患病，更是雪上加霜。正因如此，加大健康扶贫力度，提高对贫困户慢性病和重大疾病的社会救助力度，对于精准扶贫精准脱贫有重要意义。

3. 教育费开支

非义务教育阶段的教育费开支压力较大。同心县非常注重教育在阻断贫困代际传递中的作用，因此三山井村义务教育获得的补助较多，而且县乡里还为贫困户子女读中专、技校、高中和大学制定了帮扶措施，村民对当地教育扶贫工作及其效果普遍比较满意。

在三山井村接受九年义务教育的孩子花费很少，不论是贫困户还是非贫困户，对村内小学的总体评价都比较好。而且，由于到下马关镇读中学交通非常方便，教学质量较好（尤其是对于从大山深处搬迁出来的原本上学非常不便的生态移民而言），村民对初中教育也比较满意。32户贫困户中，有14户[①]（43.75%）家庭有正在上学的孩子，其中9户（64.29%）家庭对孩子的学校条件比较满意，7户（50%）对孩子学习比较满意。在14户家里有学生的贫困户中，10户（71.43%）曾获得各类教育补助，金额最高的2016年获得了5500元的教育补助，其他几户也获得了500~3300元不等的教育补助。33户非贫困户中，13户（39.39%）家庭中有孩子正在上学，其中10户（76.92%）家庭都认为孩子就读学校条件较好，7户（53.85%）对孩子在学校的学习情况比较满意。

不过，部分家里有人上高中或大学的村民表示，教育费用开支给其家庭带来了较大的经济压力。由表2-3、表

---

① 户数少于表2-4中有教育费支出的贫困户数量，原因是有2户家里没有在上学的孩子，但家长在接受技能教育培训，比如电焊。非贫困户也有类似情况，不再另做说明。

2-4可以看出，2016年32户贫困户平均教育费用开支为5641.59元，最高的教育费用开支达到37000元，该户有2个孩子正在上大学，1个孩子上高中，因此花费较大。在随机抽取的样本中，32户贫困户中有50.00%的家庭有正在上学的孩子，33户非贫困户中有60.61%的家中有人正在上学。9.38%的贫困户每年为孩子上学支付的学费超过1万元，18.18%的非贫困户每年为孩子支付的学费超过1万元。总体来看，贫困户为子女教育支付的费用比非贫困户要低。

4. 礼金支出

人情往来的礼金支出也是一项重要开支。由表2-3、表2-4可以看出，32户贫困户平均每户2016年的礼金开支为3050元，最高的2016年的礼金支出竟然达1万元；33户非贫困户2016年平均每户的礼金开支为4315.63元，最高的2016年的礼金支出也达到1万元。作为搬迁户占大部分的移民村庄，虽然三山井村有新村、老村以及新户、老户之分，但由于生态移民主要是从马高庄乡相邻的几个村庄搬迁而来，亲戚关系很多，该村仍然具有很强的熟人社会特质。而且搬迁后，交通状况大大改善，也方便了人们与其他村或乡镇的亲戚朋友的交往。因此，人情往来成为三山井村民的重要开支项目。抽样调查发现，56.25%的贫困家庭每年需要出1000~3000元的礼金，有21.88%的贫困户要出3000元以上的礼金。有一户贫困户，每年打工收入不到2万元，还有5个13岁以下的孩子，在村内属于经济状况较差的，但由于亲戚多、来往大，每年仅人情费开支就超过1万元。相对于贫困户，非贫困户人情往来支付的礼金更多，57.57%的非贫困户2016年需要支付3000元以上的礼金。

不过，也有12.5%的贫困户由于家庭成员年龄较大或家里有人患有疾病实在太贫困，而不再进行人情往来并出礼金。人情往来礼金有来有往，因而礼金支出也相当于变相的储蓄。人情往来有时候需要招待宴请，或者以实物的方式进行（实物可能没法充分利用而形成浪费），会造成农民财富的损耗。因经济条件太差而减少与亲朋人情来往的贫困户，和主动将人情交往交给儿子"继替"的年龄较大的村民不同，他们的生存状况已经到了斯科特所指的"齐脖深的水中"危险境地，他们忙于自救，实在没有余力再进行变相的储蓄。可见，较高的人情礼金（以及由此产生的财富损耗）对三山井村的村民尤其是贫困户造成了一定的生活压力。

三　村民借贷状况

金融是现代经济的核心。向贫困地区投入更多金融资源，提高低收入群体的金融可得性，有助于减缓贫困。金融减缓贫困有两个渠道，一是直接向贫困农户提供金融服务，从而提升其内生发展动力；二是向贫困地区的企业或产业提供金融服务，通过经济增长，间接带动贫困地区和贫困人口脱贫。随着同心县金融扶贫措施的推进，三山井村民直接获得金融服务的可能性大大提高，而且资金成本也显著降低。

目前，三山井村的农户资金借贷来源，主要包括农村信用社、政府主导的社区发展基金和亲戚朋友。由表2-5可以看出，2016年，在课题组随机抽取的32户贫困户中，65.62%有资金借贷行为；在随机抽取的33户非贫困户中，48.48%有资金借贷行为。进一步了解发现，生活开支是三山井村民借贷的最主要原因，只有个别农户借款是为了发展生产。在借入资金的21户贫困户中，有15户（71.43%）是为了看病、助学或是生活开支。其中，46.88%的贫困户借贷的主要目的是应付生活开支、家里有人生病、孩子需要上学。还有18.75%的农户借贷主要为了娶媳妇、盖房子。例如户主叫贾花[①]的建档立卡户家庭（丈夫是非农业户口，故她是户主），两个女儿刚从银川上职高毕业，儿子娶了媳妇，盖房子需要10多万元，家里的钱不够，她向信用社贷了妇女创业贷款3万元，又向亲戚家借了4万元，把房子盖了起来。2017年她和丈夫打工挣了3万多元，正好将信用社的贷款还上。这个案例表明，一部分创业贷款并没有真正促进农民创新或发展生产，而是被村民用来改善居住环境或生活条件。

相对来说，非贫困户的借贷率较低，2016年只有48.48%的非贫困户有借款，远低于贫困户贷款比例（65.62%），而且只有24.24%的非贫困户借款是为了看病、子女教育（助学）或生活开支。与65.62%的贫困户有借款但没有一户用以发展生产或创业不同，有15.15%的非贫困

---

① 本书所有被访者姓名，均系化名。

户借钱是为了发展生产、做生意。可见，就三山井村的情况而言，超过半数（随机抽取的 65 户样本有 37 户）的农户有资金借贷行为，而且绝大部分资金来自正规金融机构或社区发展基金，表明当地的金融服务可得性很强。但是，和其他地区的情况相似，农户尤其是贫困户从各种渠道获得资金后，很少甚至完全不将其用于发展生产或创业，增强内生发展能力，而是用于家庭生活消费。一些贫困农户甚至陷入了靠贷款生活的"借钱过日子""拆东墙补西墙"模式。考虑到贫困人口的低收入特征，借款"能否还、如何还、何时还"等问题将日益凸显。因此，向贫困户提供金融服务，提升其内生发展动力，最终实现脱贫致富的想法虽然好，但在实践中效果并不理想，甚至会扭曲农民的行为方式，将农民引入依靠贷款生活的危险境地。

表 2-5 2016 年三山井村村民借贷情况

单位：户，%

项目	贫困户			非贫困户		
	样本数	占比	分类累计百分比	样本数	占比	分类累计百分比
没有借贷	11	34.38	34.38	17	51.52	51.52
看病	8	25.00	46.88	1	3.03	24.24
助学	5	15.63		3	9.09	
生活开支	2	6.25		4	12.12	
娶媳妇	3	9.38	18.75	0	0.00	9.09
修建房屋	3	9.38		2	6.06	
买车	0	0.00	0.00	1	3.03	
发展生产、做生意	0	0.00	0.00	5	15.15	15.15
合计	32	100.00	——	33	100.00	——

四 人居环境状况

之所以实施生态移民，其中一个重要目的是改善贫困群体的生活环境。近年来，国家高度重视农村人居环境和生态环境。2014年，为进一步改善农村人居环境，国务院办公厅印发了《关于改善农村人居环境的指导意见》，提出到2020年，全国农村人居环境基本实现干净、整洁、便捷，建成一批各具特色的美丽宜居村庄。三山井村因地处西北，工业发展相对滞后，无噪音和土壤污染，除了干旱造成的沙尘较多外，自然环境较好，天空湛蓝，空气清新。

不过，受传统生活习惯的影响，再加上人口集中居住后垃圾清理不及时，三山井村存在生活垃圾污染村内环境的现象。由表2-6可知，在随机抽取的65户农户中，10.77%的受访者对自己家周围的环境"非常满意"；47.69%的受访者对自己家周围的环境"比较满意"；15.39%的受访者对自己家周围的环境"不太满意"或"很不满意"。农户对人居环境不满意的原因主要包括：白色塑料袋及其他生活垃圾到处飞；有养殖户的家禽粪便比较臭；自家附近有噪音源；等等。

在随机抽取的65个样本中，有49.23%受访者认为自己周围存在不同程度的垃圾污染问题。具体来看，分别有3.08%、23.08%、7.69%、13.85%和1.54%的受访者认为自家周围存在垃圾污染程度"非常严重"、"较严重"、"一般"、"轻微"和"没多大影响"。由于三山井村集聚了近6000人，且生活方式日益现代化——越来越习惯于使用塑料袋、购买经过包装的消费品,导致村内的生活垃圾很多。一方面,虽然部分村民将垃圾投入垃圾设施,但这些设施长期无人清理,因此刮风时会出现垃圾满天飞的现象;另一方面受原有生活习惯影响,很多村民并不习惯将垃圾放入垃圾处理设施,致使村里放置的很多垃圾处理设施没能发挥应有作用。当然,有些村民养羊、养鸡,羊粪、鸡粪等造成的气味污染也一定程度上破坏了村里的人居环境。

表2-6　三山井村村民对自家周围环境的评价

单位:户,%

问卷问题	选项	样本数	百分比	分类累积百分比
对你家周围的环境满意吗?	非常满意	7	10.77	58.46
	比较满意	31	47.69	
	一般	17	26.15	26.15
	不太满意	8	12.31	15.39
	很不满意	2	3.08	
	合计	65	100	
你家周围存在垃圾污染吗?污染程度如何?	无	33	50.77	50.77
	有,但没多大影响	1	1.54	49.23
	有,轻微	9	13.85	
	有,一般	5	7.69	
	有,较严重	15	23.08	
	有,非常严重	2	3.08	
	合计	65	100	

"仓廪实而知礼节"。随着三山井村民尤其是贫困户经济状况的好转,当地的社会治安环境也明显改善。在随机抽取的65户样本中,截至2016年底,都不曾遭受过偷抢等治安问题。这65户人家都采用普通的大门,并未安装防盗门等专门的防盗装

图 2-4 村内无人打扫的垃圾堆

置。而且 65 户受访者都认为天黑以后，走在村里的路上非常安全。在访谈时，原村民武强提到，在 2009 年新村民刚刚搬过来时，曾经有一段时间，经常有农户家里彩电、摩托车、电动车等贵重物品被盗窃的现象，甚至有农户丢猪、羊，政府还专门整治过一次，后来大家生活变好了，也都不差那点钱了，贼也少了。不过，他补充说，经济条件变好后，由于很多人找不到工作，无事可做，这两年村里赌博的现象多了起来。

第二节 生活满意度

习近平总书记在 2018 年两会期间，明确指出"共产党就是为人民谋幸福的，人民群众什么方面感觉不幸福、不快乐、不满意，我们就在哪方面下功夫"。显然，提升相关农民群众尤其是贫困户的生活满意度和幸福感，应当是检验扶贫工作成效的一个重要标准。

三山井村的生态移民和精准扶贫工作能否提升以及如何提升村民尤其是贫困户的生活满意度和幸福感，为什么会有这种结果？为掌握这一情况，课题组对随机抽取的 32 户建档立卡贫困户和 33 户非贫困户的生活评价、幸福感等指标进行分析。由表 2-7、表 2-8 发现，总体来看，2017 年 8 月三山井村民对现在生活状况的满意程度并不高，而且贫困户对生活的满意程度远低于非贫困户。具体来看，在 32 户贫困户中，仅有 28.13% 整体上对自家现在的生活状况"满意"或"比较满意"，其余 71.87% 的受访者对现在的生活并不满意；在 33 户非贫困户中，有 57.58% 对现在的生活评价比较满意，另外 42.42% 的受访者对生活的评价比较消极。

同时，课题组还用随机某天受访者的幸福感来考察三山井村民平时生活的幸福程度。由于何时开展农户问卷调查具有随机性，因此通过询问受访者"昨天的幸福程度"，可以考察样本农户平时生活的幸福情况。由表 2-7 的结果可以看出，在 32 户贫困户中，有 53.13% 的受访者受访前一天过得"比较幸福"或者"非常幸福"，有 21.88% 的人在受访前一天过得"不太幸福"。从表 2-8 可以看出，在 33 户非贫困户中，有 72.73% 的受访者受访前一天过得"比较幸福"或"非常幸福"，仅有 6.06% 的受访者在受访前一天过得"不太幸福"。比较来看，非贫困户平时的心理状态愉悦，生活幸福感较高；有更多的贫困户平时觉得自己不幸福。可见，经济状况很可能会影响农民的幸福感及对生活的满意度。正如学者所说的，"有钱未必幸福，但没钱也很难幸福"。[1]

表2-7　三山井村贫困户对生活状况的评价

单位：户，%

问卷问题	选项	样本数	百分比	分类累积百分比
总体来看，对现在生活状况满意程度？	非常满意	5	15.63	28.13
	比较满意	4	12.50	
	一般	14	43.75	71.87
	不太满意	6	18.75	
	很不满意	3	9.38	
	合计	32	100	
你昨天的幸福程度如何？	非常幸福	6	18.75	53.13
	比较幸福	11	34.38	
	一般	8	25.00	46.88
	不太幸福	7	21.88	
	很不幸福	0	0	
	合计	32	100	
与多数亲朋好友比，你家过得怎样？	好很多	1	3.13	12.50
	好一些	3	9.38	
	差不多	13	40.63	40.63
	差一些	11	34.38	46.88
	差很多	4	12.50	
	合计	32	100	
与本村多数人比，你家过得怎么样？	好很多	0	0.00	9.38
	好一些	3	9.38	
	差不多	16	50.00	50.00
	差一些	10	31.25	40.62
	差很多	3	9.38	
	合计	32	100	

① 刘同山、孔祥智：《经济状况、社会阶层与居民幸福感——基于CGSS2010的实证分析》，《中国农业大学学报》（社会科学版）2015年第9期。

表2-8 三山井村非贫困户对生活的评价

单位：户，%

问卷问题	选项	样本数	百分比	分类累积百分比
总体来看，对现在生活状况满意程度？	非常满意	3	9.09	57.58
	比较满意	16	48.48	
	一般	11	33.33	42.42
	不太满意	3	9.09	
	很不满意	0	0	
	合计	33	100	
你昨天的幸福感程度如何？	非常幸福	8	24.24	72.73
	比较幸福	16	48.48	
	一般	7	21.21	27.27
	不太幸福	2	6.06	
	很不幸福	0	0	
	合计	33	100	
与多数亲朋好友比，你家过得怎样？	好很多	1	3.03	27.27
	好一些	8	24.24	
	差不多	14	42.42	42.42
	差一些	10	30.30	30.30
	差很多	0	0	
	合计	33	100	
与本村多数人比，你家过得怎么样？	好很多	3	9.09	27.27
	好一些	6	18.18	
	差不多	19	57.58	57.58
	差一些	5	15.15	15.15
	差很多	0	0	
	合计	33	100	

"与多数亲朋好友比，你家过得怎样？"和"与本村多数人比，你家过得怎么样？"这两个问题可以让受访者在与亲朋、邻里做比较之后，评价自己的生活满足状态。从表2-7和表2-8可以看出，在32户贫困户中，12.50%的受访者认为自家过得比亲朋好友要好一些或很多，9.38%的受访者认为自家比村里多数人要过得好一些；而40.63%

的受访者认为自家和亲朋好友家差不多，50.00% 的受访者认为自家生活和村里大多数人都差不多；46.88% 的受访者认为自家过得比亲戚朋友家差，40.62% 的受访者认为自家过得比村里大多数人差。超过四成的贫困户认为自家过得比亲朋好友差，也比村里大多数人差，这反映出他们对自家的生活不够满意。在 33 户非贫困户中，27.27% 认为自家过得比多数亲朋好友好，也比村里大多数人家好；分别有 42.42% 和 57.58% 的非贫困户认为自家过得和多数亲朋好友、村里大多数人差不多；分别有 30.30% 和 15.15% 的非贫困户认为自家过得比大多数亲朋好友、村里大多数人差。与贫困户相比，非贫困户认为自家过得较好的比例明显更高，而认为自家条件比其他人家差的比例则明显更低。

如表 2-9 所示，无论是贫困户还是非贫困户，对自家 2016 年的收入状况都不太满意。贫困户倾向于认为自家 2016 年的收入较低，因而对自家的收入更不满意；非贫困户认为自家 2016 年的收入较高，且对家庭收入相对更加满意。具体来看，没有贫困户认为自家 2016 年的收入"非常高"或"较高"，分别只有 3.13% 和 15.63% 的贫困户对自家 2016 年的收入"非常满意"和"比较满意"；分别有 37.50% 和 12.50% 的贫困户认为自家 2016 年的收入"较低"和"非常低"，分别有 40.63% 和 12.50% 的贫困户对自家 2016 年的收入"不太满意"和"非常不满意"。同时，有 18.18% 的非贫困户认为自家 2016 年的收入"较高"，分别有 3.03% 和 21.21% 的非贫困户对自家 2016 年的收入"非常满意"和"比较满意"；分别有

27.27%和9.09%的非贫困户认为自家2016年的收入"较低"和"非常低",分别有39.39%和3.03%的非贫困户对自家2016年的收入"不太满意"和"非常不满意"。

表2-9　三山井村样本农户对2016年收入状况的评价

单位:户,%

问卷问题	项目	贫困户		非贫困户	
		样本数	占比	样本数	占比
你觉得你们家 2016 年收入怎么样?	非常高	0	0	0	0
	较高	0	0	6	18.18
	一般	16	50.00	15	45.45
	较低	12	37.50	9	27.27
	非常低	4	12.50	3	9.09
你对你家的家庭收入满意吗?	非常满意	1	3.13	1	3.03
	比较满意	5	15.63	7	21.21
	一般	9	28.13	11	33.33
	不太满意	13	40.63	13	39.39
	非常不满意	4	12.50	1	3.03

第三节　生产经营现状

一　土地利用状况

土地被认为是农民的命根子。因此坚持"有土安置"

曾被同心县作为生态移民搬迁工作的一个亮点。据宁夏回族自治区发改委计算,搬迁后的移民人均2.5亩水浇地就可以基本解决温饱。[①]生态移民工程启动之时,为了吸引生态移民向三山井村搬迁,曾有政府部门许诺,搬到三山井村后,每口人可以分到2亩水浇地,移民户每亩地只需交200元,政府每亩补贴200元。[②]

但是,由于三山井村不是扬黄灌区,且周边没有水源,政府承诺的水浇地最终变成了无水可浇的旱地,最初许诺的2亩,也变成了1.5亩。不仅如此,三山井村民分为新移民(也称新户)和原村民(也称老户)两类,新老两类村民的人均耕地面积不同,耕地质量差异也很大。新移民人均1.5亩旱地,原村民人均7亩旱地。而且,新老村民的耕地质量也有非常大的差异,大部分原村民的耕地是村里的"一类地",而新移民的都是原村民退出来的较差的甚至根本无法耕种的"二类地"。根据原村民武强的说法,在2009年生态移民过来之前,原村民都有土地承包经营权证,但没有确权证书,面积没有定数。当时原村民很担心生态移民过来会分他们的好地,在获知县里将他们村确定为生态移民安置点,并将给予每亩400元的一次性补贴,让他们退出一些土地给新移民的消息后,很多原村民在村内本不适合种植粮食的荒地上开垦了一些土地,退给了村集体。村集体按照政府的要求,将这些所谓的

---

① 宁夏回族自治区发展改革委地区处:《宁夏回族自治区易地扶贫搬迁专题之十一:宁夏生态移民搬迁中的突出问题及对策》。
② 入户访谈时村民束义冲、谢武河、刘志高给出的数据。

"二类地"分配给新移民。

在课题组随机抽取的 65 户农户中，50 户新移民户均土地 5.18 亩，15 户原村民户均耕地 38.27 亩。50 户新移民目前还在种地的仅有 4 户（占比 8%），而其他 46 户新移民都已经将土地撂荒或者出租。无论是新移民，还是原村民，大部分受访者认为新移民分到的土地质量太差，无法耕种，就算勉强耕种也基本没有收益。一些新移民向课题组表明，村里分配给他们的土地质量太差，石头太多太大，且产量太低，实际上很多新移民已经将分配给他们的土地撂荒，个别较好的地块也以每亩每年 200 元的价格统一出租给企业种植油用牡丹。总之，新移民人均耕地面积很少，且质量很差，他们中的绝大部分已经被迫完全脱离了农业生产。

虽然原村民人均耕地面积较多，质量也较好，大部分仍在种地，但他们的农业经营收益也很少。课题组抽样调查的 15 户原村民中，11 户（73.33%）村民耕种土地。原村民的土地是常年耕种的熟地，比较平整，近两年采用机械化作业耕种（俗称"车犁车种"），一户人家花 4~5 个工，就可以轻松完成土地耕种工作，大部分时间进行打工或者等待非农工作。根据课题组深入访谈时村民给出的农业经营数据：每亩平均收小麦 150 斤，销售价格为每斤 1.3 元，每亩地毛收入 195 元，扣除每亩地每年投入约 93 元（犁地 20 元、播种 13 元、收割 15 元、化肥投入 15 元、种子 20 元、运输 10 元），不计人工投入和土地折租的机会成本，每亩地每年收入在 100 元上下。普通农户按照每户有耕地 40 亩计算，一年到头全家的农业收入只有 4000 元，低于绝大部分三山井村民的家庭食品消费支出。可见，单纯依靠土地无法满足三山井村民的基本生存需求。

尽管同心县出台了《关于生态移民迁出区移民承包土地、草原和宅基地收归国有的若干政策规定》，但县内的生态移民仍然普遍认为老家的承包地和宅基地是自己家的。在移民安置点没能获得足量的、可耕种的土地进一步加强了这种想法。实际上，由于安置点的土地无法耕种，家庭收入又低，一些不舍得花钱买粮买面又很闲的新移民，就想办法将老家闲置的耕地重新利用起来。有生态移民受访者表示刚搬迁过来时，有人骑摩托车回到 30 多公里以外的马高庄乡老家，继续耕种土地，然后将收获的小麦和油料籽拉到三山井村作为口粮。但后来由于经常有人出车祸，再加上政府三令五申生态移民老家的土地收归国有，明令禁止移民回乡耕种，并设置了一些障碍，生态移民才逐渐放弃了回乡种地。但他们依旧认为老家的土地是自己的，个别生态移民户甚至自行将老家的耕地出租出去。比如生态移民蔺义冲将自己老家（马高庄乡冯家湾村）的 80 亩耕地租给了某位老板种植苜蓿，每年收取 1200 元租金；谢武河也将老家 45 亩地以每亩每年 15 元的价格租给了这位老板。

不少生态移民强烈反对政府强制将老家的承包地划归国有。近期政府主导的将生态移民老家的土地交由某公司种植文冠果的做法激发了这一矛盾。生态移民之所以阻挡政府将土地交给企业种植文冠果，是他们坚持认为老家的土地仍然是自己的，是受《农村土地承包法》保护的，而他们在安置点获得的人均不到 2 亩、质量很差甚至无法耕种的土地是他们自己花钱买的。

考虑到陈儿庄生态移民的遭遇，2017 年 12 月课题组深度访谈时，三山井村的多位生态移民受访人，向课题组反映了他们对老家承包地、宅基地可能会被政府无偿划归国有的担忧。生态移民普遍认为，习近平总书记在党的十九大报告中明确提出，二轮承包期结束后，土地承包期再延长 30 年，中央也三令五申地强调人民利益高于一切，为什么当地政府要强制将村民在老家的土地收归国有？当地政府给出的理由是按照相关政策规定，生态移民的户籍关系随人走，移民搬迁到什么地方，户口关系就迁转到什么地方，在迁入地获得移民住房和一些土地等，迁出地的房屋必须拆除，宅基地、承包耕地、草原收归国有。① 但是生态移民不认这个理，再加上政府没有履行给生态移民 2 亩水浇地的承诺，也很难让生态移民接受文件的规定。

生态移民老家的土地如何处置和利用已经成为影响当地生态移民和精准扶贫工作整体效果的重要问题。从根本上讲，如何从法律上对土地权利关系进行调整，如何对生态移民退出的土地给予适当补偿，如何真正落实政府的许诺让生态移民拥有可耕种的土地并实现增收，等等，都关系生态移民老家土地纠纷的避免和顺利解决。

---

① 马希丰：《由劳务移民在原居住地承包耕地能不能确权想到的》，2017 年 11 月 6 日，http://blog.sina.com.cn/s/blog_7666f73a0102wvjv.html。

二 时间利用及就业状况

三山井村民非农就业机会比较少，很多村民包括年轻村民平时无事可做。对农户的抽样调查问卷里有三个部分可以反映村民的非农就业情况。

1. 受访者对自己平时的工作状态进行评价

如前所述，三山井村的生态移民几乎不进行农业劳动，平时是否忙碌与非农就业情况息息相关。从表2-10可以发现，在随机抽取的32户贫困户中，71.88%的村民认为自己"不忙"或"一点也不忙"，18.76%的村民认为自己"很忙"或"有点忙"。在随机抽样的33户非贫困户中，60.61%的村民认为自己"不忙"或"一点也不忙"，而只有27.27%的村民认为自己"很忙"或"有点忙"。可以看出，无论是贫困户还是非贫困户，三山井村相当一部分村民都处于"不忙"或"一点也不忙"的状态，村内劳动力富裕和闲置的状况比较突出。课题组在驻村入户调研时也发现，村内很多没找到非农务工机会的年轻人经常聚在一起闲聊。

2. 受访者最近一周累计干活的时间

农户抽样调查安排在2017年8月进行，恰好是农忙季节，随机抽取一周中的劳动时间也能较好地反映村民的就业状况。由表2-10中可以看出，截至受访的上一周中，21.88%的贫困户和30.30%的非贫困户都没有从事有收入的劳动；40.63%的贫困户和36.36%的非贫困户从事了1~16小时的有报酬的劳动，即三山井村有四成左右的村民每周只有2天时间从事有报酬的活动。如果再加上没有机会从事劳动那部分农户，超过六成的村民没有机会通过劳动来增加收入。上述结果进一步表明，三山井村民的非农就业机会非常有限，村里的劳动力闲置情况十分严重。

表2-10　三山井村村民的时间利用状况

单位：户，%

问卷问题	选项	贫困户		非贫困户	
		样本数	占比	样本数	占比
你平时多数时间里是不是很忙？	是的	5	15.63	5	15.15
	有点，还好	1	3.13	4	12.12
	正常	3	9.38	4	12.12
	不忙	17	53.13	18	54.55
	一点儿也不忙	6	18.75	2	6.06
最近一周累计干活时间？	没有干活	7	21.88	10	30.30
	1~16小时	13	40.63	12	36.36
	17~32小时	3	9.38	5	15.15
	33~56小时	5	15.63	4	12.12
	56小时以上	4	12.50	2	6.06
去年劳动状况？（不包含家务）	无劳动力	4	12.50	5	15.15
	有劳动力但没机会劳动	5	15.63	2	6.06
	劳动3个月以下	6	18.75	7	21.21
	劳动4~6个月	8	25.00	6	18.18
	劳动7个月以上	9	28.13	13	39.39

3. 本地常住人口2016年劳动时间

本部分反映劳动力利用情况。由于一般的家庭至少有2个劳动力，因此可以直接将2个劳动力从事劳动的天数加总用以反映家庭劳动时间。在随机抽取的32户贫困户和33户非贫困户中，除了少数没有劳动力的家庭外，有劳动能力但没有机会劳动的贫困户、非贫困户分别占样本的

15.63%、6.06%，2个劳动力加起来的劳动时间不超过6个月的贫困户、非贫困户分别占样本的43.75%、39.39%，结果如表2-10所示。由此可知，三山井村超过一半的劳动力全年劳动时间不到6个月，劳动力就业很不充分。相对来说，非贫困户的劳动时间稍微多一些，除了有更多的土地需要经营外，另一个主要原因是非贫困户中政府公职、做生意或有稳定工作（及收入来源）的比例较高，因此其参与劳动的时间相对更有保证。

三　收入构成状况

三山井村民收入构成项目比较多，而且贫困户的收入较高，但是与非贫困户相比，贫困户的收入依旧明显较低。根据调查问卷得到的数据，2016年32户贫困户的平均收入为43722.58元，33户非贫困户的平均收入为100106.60元（见表2-11）。从样本均值来看，贫困户收入的最主要组成部分是工资性收入，占家庭总收入的42.75%，第二大收入来源是非农业经营收入——比如做点小本生意，占家庭总收入的17.15%，第三大收入来源是生态移民、精准扶贫等补贴性收入，占家庭总收入的15.67%，三种收入合计超过家庭总收入的75%；非贫困户收入的最主要组成部分是工资性收入、养老金及离退休收入、非农业经营性收入，三者分别占非贫困户家庭总收入的32.97%、32.86%和22.78%，三种收入合计占家庭总收入的88.61%。

表2-11　2016年三山井村村民的收入构成情况

单位：元，%

收入构成	贫困户		非贫困户	
	金额	占比	金额	占比
平均总收入	43722.58	100	100106.60	100
工资性收入	18689.66	42.75	33009.67	32.97
农业经营收入	2420.71	5.54	2816.36	2.81
非农业经营收入	7500	17.15	22800	22.78
财产性收入	931.88	2.13	1150	1.15
赡养性收入	2175	4.97	3102.5	3.10
低保金收入	2139.05	4.89	1468	1.47
养老金、离退休金收入	2266	5.18	32892.44	32.86
礼金收入	750	1.72	0	0
补贴性收入	6850.28	15.67	2867.65	2.86

工资性收入是村民收入比较重要的组成部分。2016年，32户贫困户中23户有工资性收入，最高达到50000元，最低的只有2700元。贫困户一般是外出务工，有一技之长的贫困户工资性收入比较高，例如建档立卡户林冲是农房建筑工地上的技术师（俗称大工），收入可达到每天200元。由于建筑技术比较好，就业机会比较多且受到用工方的欢迎，他在工作时顺便带自己的妻子去工地上做些较轻松的活，妻子每天也可以获得80元的稳定收入，夫妻俩2016年工资性收入达到5万元。然而，一些没有技能、年龄较大的贫困户就没这么幸运。例如，55岁建档立卡户谢武河是一个非常要强的人，身体健康，工作意愿非常强烈，但没有一技之长。他说："每次找工作，别人都嫌弃我年龄大，害怕身体突然不好，出问题而不肯雇我。"为了提升自己的技能，他报名参加了政府有关部门在村里

图2-5 三山井村村民在接受政府组织的电焊技术培训

举办的"电焊技术培训班",不过由于他年龄大,最终培训部门没能给他结业证书。他说:"即使不颁发也要学,不要结业证书也行,自己再想办法。"他生活态度积极,总会想方设法打听工作机会,2016年获得了12600元的务工收入。

由于养老金及离退休金收入实际上也是工资性收入,

因此可以认为非贫困户和贫困户相同，其收入主要由工资性收入和非农业经营性收入构成。考虑到三山井村民劳动力闲置的情况比较突出，为了提高村民尤其是贫困户的收入水平，需要重点在提供更多务工机会，或者支持更多的村民创业、从事非农业经营方面努力。就此而言，同心县大力推行的"扶贫车间"务工促脱贫以及培育"特色产业＋扶贫带头人"的双轮驱动式扶贫很符合当地农村发展的实际需要。另外，在宁夏农村，妇女主要在家里照顾老人孩子，外出务工的较少，而且务工收入较低。如果男主人生病，女主人为了养家而外出打工，很难找到一份比较理想的工作。因此，"扶贫车间"应当考虑结合当地情况，更多地引进适合女性从事劳动的企业，发展相关产业。

来自国家转移支付的补贴性收入是三山井村贫困户的一项重要收入。随机抽取的32户贫困户中，有28户在2016年获得了5800元的产业扶贫补助资金——养羊补贴，20户获得了1920元的低保收入补贴，家里有60岁以上老人的贫困户在2016年还获得了每人1200元的养老金收入。值得强调的是，有4户（12.5%）贫困户的补贴性收入几乎是家庭收入的全部，其中有3户有一定的劳动能力。这表明，个别贫困户脱贫致富的内生动力不强，长期较多的国家财政转移支付可能使一部分贫困群体不想参加劳动而单纯"等靠要"。当然，非农务工机会缺乏、农村土地资源少且质量差，客观上也造成一些农民不从事生产而依靠补贴过活。另外，需要注意的是，三山井村不少非贫困户在2016年获得了低保金，33户非贫困户的平均低保金收入高达 1468 元，这表明村内的低保户认定可能不够规范。这一问题留待后面进行专门分析。

然而，补贴性收入毕竟难以持久，也非常不稳定，即使给予贫困户较多的补贴性收入，也只能帮其临时渡过难关，很难彻底改善贫困户的生活状况。村民束义冲 2017年获得了 7000 元的养羊产业补贴资金、1920 元的低保收入，仅补贴性收入就多达 8920 元，此外老两口一年还有3840 元的养老金。但在入户访谈时，他告诉课题组，"不敢轻易买肉吃，吃了就没有了，由于没有地方去挣钱，钱得留着应急"，"在老家，我家一个月吃一只羊，因为羊是自己养的，只要自己继续养，会持续不断地有羊肉吃"。总之，只有持久收入才能真正提高贫困户的生活质量。因此，加快对贫困户劳动技能培训，为贫困户提供更多就业机会，激发其内生发展动力，比单纯地给予其现金补贴更为有效。补贴性收入只能作为家庭收入的一种补充，用以帮助贫困户渡过难关，而不应成为其生活的主要收入来源。

第三章

易地扶贫搬迁对村民的影响

易地扶贫搬迁是否让三山井村的生态移民告别了贫困、拔掉了穷根，做到"真脱贫"和"脱真贫"？这项工程如何影响生态移民和原村民的生活环境、生产方式及收入构成？有没有让村民的生活变得更好，是否实现了"两不愁，三保障"？为了解易地扶贫搬迁工作对三山井村民尤其是对生态移民的影响，2017年12月初，在前两次入村调查的基础上，课题组根据村民人数，按照分层抽样的思路，重点选择7户新户、4户老户进行深入访谈，具体样本农户的情况见表3-1。

　　同时，为了比较易地扶贫搬迁前后生态移民的生产生活状态，全面了解易地扶贫搬迁的效果，课题组特意驱车几十公里到三山井村生态移民来源地——马高庄乡进行实地调研，具体考察了当地的农业生产条件并深入访谈了暂未搬迁的两户农户。在此基础上，课题组形成了本章的内容。

表 3-1　2017 年深入访谈三山井村样本农户情况概览

项目	分类	姓名	年龄	家庭基本情况	对移民搬迁的总体评价
新移民	高收入	何英丽	45	在村里开小卖部，有银行服务点功能，生意好	非常好
		马有银	73	退休民办教师，儿子们都是教师	非常好
	中等收入	束义冲	62	擅长放羊，对政策信息把握透彻，分析能力强，但儿子离婚，有个孙子在上学	一点也不好
		谢武河	55	高中生，擅长种植和放羊，性格要强，儿子在外开挖掘机，儿媳在外打工，一个孙子在家上小学	一点也不好
		刘志高	53	是一位种田能手，搬迁过程很不愉快，大儿子做装修工作，小儿子生病	一点也不好
	低收入	闫西丰	40	患有甲亢，不能做建筑工地的活，妻子打工养家，有五个女儿，没有儿子，对女儿的期望较高	非常好
		谢奇	72	三个儿子，都在打散工，老两口身体不太好	比较好
原村民	高收入	武强	45	当过村主任，自己开垦的土地多，喜欢种田，儿子做装修工作，收入高	一点也不好
		贾花	51	活动能力强，脑子灵活，丈夫是非农户口，常年在外上班，有一儿两女，两女儿刚刚在银川高职毕业	比较好
	中等收入	谢三宝	33	自己是家中的小儿子，和父亲常年在外打工，收入较好，只有一个女儿	一般
	低收入	牛秋丽	69	小儿子生了大病，孙子多，大儿子家也有病人；自己膝盖做了大手术；房屋破旧，只靠低保生活	一般
未移民	低收入	林芳芳	46	有三个孩子，其中一个已毕业是中学老师，两个正在上高职，主要务农，种 60 亩地	不太好
	高收入	张武弟	57	家有四个劳动力，两人外出务工，一人当小学老师，自己在家种 120 亩地	一点也不好

第一节 基础设施及公共服务

一 优质教育的可得性更强

习近平总书记2015年11月在中央扶贫开发工作会议上指出："教育是阻断贫困代际传递的治本之策。贫困地区教育事业是管长远的，必须下大力气抓好。扶贫既要富口袋，也要富脑袋。"提高扶贫质量，摆脱贫困的代际传递，关键在于提高贫困群众的综合素质，激发和培育贫困群众的内生发展动力。要想激发贫困群众内生动力、培养稳定脱贫能力，教育精准扶贫是根本之策。

教育扶贫的理念在三山井村得到了较好的贯彻落实。在进行生态移民之前，不少村的孩子上学要翻过几个山

图3-1 三山井村新建的幼儿园与小学

头，接受教育的成本很高，而且有的孩子还要协助家人管理牛羊，因此适龄儿童辍学率比较高。同时，三山井村的生态移民主要是从交通比较闭塞、观念比较落后的山区搬来，这些移民大部分有"多子多福"的传统观念，喜欢多生孩子，因此经济压力较大，很难供养孩子读高中和大学。在搬迁至三山井村后，1000多户生态移民乘着国家扶贫攻坚的东风，在国家精准扶贫政策和资金支持下，子女上学的便利性和教学质量都有了明显改善。2009年，村里建成民办公助幼儿园1所，建筑面积达1530平方米；小学1所，建筑面积2430平方米。村里3~5岁的孩子中210人进入幼儿园学习，有56人上了学前班，241人上了小学，78人上了中学。

随着国家对贫困地区教育投资力度的加大，三山井村的小学教学硬件和师资水平也有明显提升，教育质量有了很大的改善。一些初中毕业未能考上普通高中的孩子，在国家"雨露计划"的资助下上了中专或技校，越来越多生态移民的子女在国家奖助政策支持下考上了高中、进入了大学。调查时发现，受此影响，目前三山井村民，无论是原村民还是新移民，都非常重视子女的教育，认为教育是改善家庭经济状况和提升社会地位的重要渠道。一些经济实力较好的村民，为了让孩子接受更好的教育，甚至专门在同心县城或红寺堡租房子，让家人过去陪读。

在课题组随机抽取的65户样本农户中，39户家中有正在上学的孩子，其中6个孩子上学的有1户，5个孩子上学的有1户，3个孩子上学的有14户，2个孩子上学的有15户，1个孩子上学的有2户。可以看出，三山井村74.36%的人家有2~3个正在上学的孩子。即使是村里人公认的新移民贫困户——闫西丰家中，5个孩子也全部顺利上学，每个孩子的学习成绩都很好。刘江木家有6个孩子，经济条件也不好，但6个孩子全部在上学。由于三山井村的教育补贴多，小学期间每个孩子每学期只需要家长交50元，同时学校提供免费的、高营养的早餐和午餐。对于家庭非常贫困的农户，2~3个孩子上小学，每年也只需要为孩子们支付200元的费用。义务教育阶段的子女上学问题，不会给贫困户增加太大的经济负担。

考虑到三山井村的面积较大，很多农户距离幼儿园较远，家长接送不方便，政府安排资金，为村里的幼儿园配备了专门接送孩子的校车。不能接送孩子的农户，每个孩子每年交400元的交通费，学校负责接送。有了方便的校车，一些距离学校较远或比较忙碌的村民可以在家门口接送孩子。作为省级贫困村，三山井村获得的社会各界的帮扶教育资源也比较多，驻村扶贫工作队积极整合社会资源，拓展捐资渠道进行捐资助学，先后开展了"爱心助学 放飞梦想"等支教助学活动，并组织一些商协会会员开展捐助活动，为小学生免费发放学习文具和书包等。此外，宁夏回族自治区商务厅驻三山井村扶贫工作队还为贫困户在读子女建立了长效跟踪帮扶机制，积极开展手拉手结对帮扶等项目。

从马高庄乡计嘴子村搬迁到三山井村的闫西丰说，

以前在老家时，大女儿每天去上小学要走4公里的山路，上初中的孩子要去16公里以外的马高庄乡中学，大部分山路不能骑车，只能步行，非常辛苦，村里能上初中的孩子最多就60%，而且学校的师资非常差。他虽然很希望自己的女儿能上大学，但在老家，上学条件艰苦，教育质量不高，整体学习氛围也不好，很难实现这个愿望。搬到三山井村之后，政府重视教育，村里有幼儿园和小学，学校老师的水平也高了很多。他的大女儿在三山井村小学，音乐天分得到发挥，并接受外界资助，学了一门乐器，目前已到银川市继续学习音乐。二女儿、三女儿从家里走路15分钟就可以到小学上课，四女儿、五女儿已上了村里的幼儿园，学校有营养丰富的饭菜，几个孩子都成长得很健康，而且读高中、上大学的可能性提高了很多。

图3-2 三山井村生态移民的来源地——山大沟深的马高庄乡

何英丽一家是从山大沟深的马高庄乡郭大湾村移民过来的，生态移民和易地扶贫搬迁工程让他们有机会将家安在交通方便的地方。搬到三山井村之后，何英丽和丈夫借钱在村里开了一家小卖店，短短几年时间就实现了脱贫致富。经济状况好转之后，她觉得三山井村的教育质量虽然比山里好了很多，但还是没有下马关镇的教育质量好，所以将自己的两个孩子转学到下马关镇小学。她在家看店，丈夫每天骑摩托车接送，来回也只需要半个小时，孩子们比较好的学习成绩带给她很多希望和力量。

33 岁的原村民谢三宝说，以前他上学要走 5 公里，老师教得也不好，上学也就是混日子，当时村里他的很多同龄人不怎么爱上学，现在他的孩子每天走 10 多分钟就能走到学校，学校教师水平也高了很多，不仅不交学费，而且有免费午餐，村里基本没有辍学的孩子。原村民贾花也说，现在的娃娃上学是真方便、真幸福，幼儿园有校车，小学生上学近，初、高中生村内就有公交坐。她的三个孩子原来都是每天跑 5 公里才能上学，上初、高中时，三山井村没有柏油路，也不通公交车，孩子们都是先蹭车到下马关镇，然后坐车到同心县城去上学，周末回家一整天都浪费在路上。

总的来看，搬迁至三山井村之后，由于村里盖了民办公助的幼儿园，且有一个教学质量不错的小学，尽管有些家庭孩子较多，经济比较困难，但是受惠于国家的扶贫政策和各级政府对受教育重要性的宣传，三山井村所有身心健康的适龄儿童都能顺利上学。易地扶贫搬迁后教育质量的改善和教育可得性的增强，让村里的绝大部分适龄孩子都有学上、有书读，为所有村民提供了一个公平的起点，让其乘上了现代文明的列车。九年义务教育阶段，三山井村未出现因家庭贫困而让孩子辍学的现象，将"幼有所教"落到了实处。就三山井村而言，扶贫开发工作在"拔穷根"和阻断贫困的代际传递方面效果十分突出。

二　道路通达，生活更便利

除了教育设施外，近年来，三山井村的道路、用水、卫星电视和社区文化活动场所也日益完善。

一是村内及周边的道路建设成效突出。目前，三山井村有到下马关镇的公交车，而且家家户户门口就是硬化水泥路。水泥路连着通村的柏油路，通村柏油路路面宽4.5米，总长度达19公里。"要想富，先修路"。生态移民安置点因人口更加集中，政府可以更好地改善交通状况。三山井村内通向各生产组的道路总计长36公里，规划后新村内建设的几乎都进行了硬化。村里道路宽阔通畅，通向下马关镇的公交车也顺利开通。由于三山井村是生态移民集聚的大村，去往同心县、银川市的长途汽车也会特意绕道路过。村民们不论是去下马关镇赶集，还是去同心县城上学，或者去宁夏首府银川市打工、看病，走几分钟就可以顺利乘坐上直达目的地的公共交通工具。同时，由于道路平坦宽敞且硬化路通到家家户户门口，村民自己开车、骑摩托车出行也非常方便，即使是上岁数的老人，也能拄着拐杖放心地走在平坦的马路上，轻松地去买药或者取款。当村民需要买煤等较重的生活材料或者需要销售牛羊、粮食等农产品时，大卡车能够直接开到村民家门口，极大地方便了村民的生产和生活。

实施易地扶贫搬迁工程之后，三山井村新移民和原村民都认为，村里及周边的交通条件变好了很多，出行和日常生活也更加便利。从马高庄乡冯家湾村搬来的马有银今年（2017年）73岁，儿女们都在外面有自己的家，老伴早年去世，目前独自生活。他说："以前在老家走集市买东西，可能需要花一天时间，那时赶集一般赶驴车去，条件好些的人家可能开手扶拖拉机，当时的道路不好走，很容易出事故，但现在我走10分钟就到小卖部了，如果村里的小卖部没有我要的东西，我就在村里坐公交车，半小时就能到下马关镇上，这里的交通非常方便。不仅如此，由于路宽地平，煤炭等重一些的东西都能送到我家门口，因此我不需要儿女们照顾，也活得很自在。"还有69岁的原村民牛秋丽，老伴已经去世，儿子们身体状况都很差，女儿们也都已远嫁，在村里独自生活。她有高血压，还有胃病，经常需要买药。虽然身体不好，走路不便，但在移民搬迁后，村里的交通状况大幅改善，她可以在家门口坐公交车去下马关镇上买药，非常方便。她说，"要是在以前，我这样的身体状况很难独立生活，药都买不到"。没有比较就无所谓好坏。对于交通状况改善的好处，从山大沟深地区的郭大湾村移民过来的何英丽有更深刻的感受。她说，"记得在

第二节　村民的生产生活

一　居住环境显著变好，部分新移民仍不满意

三山井村新移民每家交 16000 元，可以获得 1.2 亩的宅基地和一套 54 平方米的砖瓦房，原村民可以获得 15500 元危房改造补贴，可以在原来的宅基地上翻盖自家房子。新移民束义冲家交钱获得了 54 平方米的房子和 1.2 亩的宅基地，搬过来后他帮别人放羊，每月可获得 3000 元工资收入，放羊打工 5 年挣了 10 多万元，全部都用来加盖自己家的房子，现在院子南侧和北侧有两排整齐漂亮的砖瓦房，总面积将近 140 平方米，平时只有老两口和一个小孙子住，非常宽敞明亮。束义冲对自家的住房条件比较满意，认为自己现在的住房条件确实比以前的窑洞和土瓦房要好很多。马有银虽然 70 多岁了，独自生活，一间 54 平方米的房间足够，但他用养老金攒下的钱，为自己又加盖了两大间房子，墙外都砌上了瓷砖，很是气派，老先生说："相对于黑乎乎的窑洞，现在的房子亮堂多了。"三山井村的原村民贾花、谢有贵家也都是利用危房改造款，加钱修建了新房子，"现在住的条件比原来又黑又小的土房子好多了"，贾花和谢有贵都这么说。

然而，有的生态移民认为现在住房条件并没有变好很多，甚至还变差了。刘志高在麻家湾顾家丈老家时，通过

勤劳耕作，花了 6 万元盖了一栋漂亮的房子，由于大儿子学了装修的手艺，因此自己家装修得很漂亮。但他家稳定富足的生活被移民搬迁完全打乱。"现在我们老两口只能在院子的北面盖房子，南面的房子分给儿子家住了。我们的住房条件一点都没变好"，"实在想不通三山井村有些什么好的，第一批搬过来的人家房子都修建在原来的水坑里，去年发大水，前几排地势低的房子都被水淹了，真不知道那些人是怎么选择移民搬迁安置点的"。而且，也有不少生态移民习惯了住窑洞，他们觉得瓦房不如窑洞好。生态移民谢武河说："住窑洞比住现在的砖瓦房好得多，窑洞冬暖夏凉，冬天不用烧炭，夏天不需要吹风扇或者空调，舒服而且省钱。"可以看出，一部分村民的住房条件实际上并没有变好，或者他们自己认为没有变好。

总体来讲，对于一些村民来说，住在明亮气派的砖瓦

图 3-3　旧村废弃的窑洞

房很舒服，但有的村民觉得还是老家的住房条件更好，不是每个村民都从心底对移民搬迁后的住房状况满意。

二 医疗可得性有所改善，服务能力仍存在短板

虽然三山井村有专门的卫生室，但对深入访谈的几户村民来说，医疗条件并没有变好很多。谢武河说，他的父亲是一名乡村赤脚中医，医术高超，在冯家湾村时，村里的娃娃们有啥不舒服来找他父亲，他父亲很容易诊断出病因，不打针、不输液，配点药，很快就治好了。现在村卫生室动不动就给小娃娃打点滴，给大人们也打点滴。打点滴（输液），身体好得慢，还对身体有伤害，感觉现在村里虽然有看着高档的卫生室，但看病花钱多了，效果似乎没变好。原村民贾花也说，老村原来也有水平比较高的赤脚医生，大家并不

图3-4 访谈结束后课题组给一位原村民拍照

存在看病难的问题，现在村卫生室也就能买个治头疼脑热的药，身体稍微有些别的问题，卫生室一般没办法，村民们就得赶快去同心县城或者银川市里的医院看。

此外，不少村民不太相信村卫生室医生的医术，而且感觉村卫生室药的种类不全，质量也不一定过关。牛秋丽说，村里卫生室药不全，她需要的药卫生室都没有，因此她只能坐公交车去下马关镇的药店买，对她来讲，医疗条件并没有太大变化。闫西丰说，与山里的医生比较，村卫生室唯一的好处就是可以报销部分医药费，收费相对规范，因为交通方便，信息通畅，村卫生室不能轻易在药价上坑村民。总的来看，虽然村里的医疗设施在硬件上得到了改善，管理上也规范了，但由于村卫生室医务人员水平受限、药物不全，医疗服务并没有达到村民的期望。

三　生活状况明显改善，各项开支大幅增加

在实施易地扶贫搬迁之前，大部分三山井村民，尤其是原来在马高庄乡山沟里的村民，因交通不便与外界的联系较少，村民自给自足的程度较高，传统小农经济色彩很浓。村民每年主要的收入就是农产品和畜产品。他们关心的是每年收获小麦、玉米、土豆、豌豆以及养殖的羊猪数量有何变化等。货币收入主要是通过出售几只羊、几头猪、鸡蛋、山里挖的药材等取得。自己家人消费的各类食品主要是通过农业生产获得，除非家里有人外出务工，每年的货币性收入一般不超过1万元。

自实施易地扶贫搬迁项目后，自给自足的小农经济在三山井村迅速消失，大部分生态移民甚至完全脱离了农业生产，村民的农产品、畜产品减少非常明显。外出务工成为挣取家庭收入最主要的方式，村民的货币性收入明显增加，而且收入构成也有了明显改变。与此同时，随着各类生态移民和精准扶贫项目及补贴进入三山井村，补贴款项成为村民的一项重要收入来源。例如2017年，很多村民可以获得每户7000元的产业发展补贴用以养羊，不少村民享有每年1920元的低保收入。参与村里土地流转的村民，每亩一年可以获得200元或100元的租金。一部分新移民将老家的土地出租出去，得到一些租金收入。此外，村民还可以获得国家和自治区发放的农资补贴、养老补贴及良种补贴等。2016年，三山井村贫困户的平均货币性收入超过4万元，比生态移民之前有了大幅提高。

但是，由于很多50岁以上的村民没有务工挣钱的机会，脱离传统自给自足的生活状态后，各项消费支出急剧增加。束义冲说："我在老家吃自己种的麦子、豌豆、胡麻、荞麦、糜子、土豆、茄子、辣椒、白菜、萝卜等；谷物、蔬菜、豆类、油料作物应有尽有，另外还养鸡、养猪、养羊，很容易养活，每年吃的食物从来不缺，常常有鸡蛋和肉，一年几乎不需要花钱，肚子也饿不着"，他接着说，"自从来到这里，米、面、油啥都得买着吃，要精打细算地吃，一口人每个月最少要花300元，几个月也舍不得买些肉吃，因为肉太贵了。夏天院子里种些菜，还稍微省些菜钱，一到冬天，这里没地方储藏大白菜、萝卜、土豆，都得买着吃，价钱还很高。另外，为了赚点钱，我养过鸡，结果三山井这地方也真奇怪，连鸡都养不活，政府禁牧也不让养羊，吃肉都得买，家里开支变大了很多，生活水平却降低了"。另外，水费、取暖费也都增加了。谢武河说："在老家打了15个丈二的水窖，水都是免费吃，热炕都用田里找的各种杂草或秸秆，环保还省钱，冬天窑洞里都不需要生炉子，很暖和。但到这里之后，没有烧炕的材料，只能花钱买煤来当作烧炕的材料；另外冬天必须生炉子，我一年要花1500元买煤。"相对来说，原村民有土地，还可以自己种粮食、胡麻、豌豆等。例如牛秋丽家在窑洞里存了很多豆子等农产品，不用买面、油等基本食品，家庭消费较低。根据永久收入理论，人们消费的多少取决于持久收入。当自给自足或半自给自足的传统农业生活方式被移民政策阻断，又没有参与现代文明的机会提供给像束义冲、谢武河这类身体健康又特别想劳动的人，他们没办法靠自己的劳动获得稳定持久的收入。即使可以暂时获得各种救济款，没有持续收入的他们也不敢用救济款来提高生活质量。

除生活开支费用增加外，易地扶贫搬迁后的人情往来费用也大幅度提高。移民搬迁以前，由于地理隔离，村民和本村人以及亲戚的交往较少，颇有一种"鸡犬之声相闻，但老死不相往来"的感觉。生态移民马有银说，"从村东走到村西，需要爬山翻沟走10公里"。由于太远，婚丧嫁娶和一些非常远的亲戚间的人情往来也很少。以前住在山里，大部分人生活几乎不需要太多钱，家家都没钱。因此每次红白喜事上，人情礼金仅仅需要10元或者20元，亲戚多的人家，一年的人情礼金只需要200多元就够了。但是搬到三山井村后，大家集中居住，本就有各种亲戚关系，彼此住得又很近，因此经常需要走动。闫西丰说："搬过来之后，原来在同一个村的人家有事情，大家都得过去上礼，每次都需要100~200元。交往的人数比以前多了很多，如果不去上礼，住得这么近，抬头不见低头见，下次都不好意思见人家。因此，我家虽然困难，一年也需要几千元的人情礼金，压力真的很大。"相对来说，原村民的礼金开支比较小，每次最多给100元，交往的人数也比较稳定，礼金开支大部分家庭都可以接受，压力小很多。可见，移民搬迁后，移民家庭的社会交往变频繁，礼金开支大幅增加，成为一些新移民的经济负担。

四　村民的生产生活受到冲击

生态移民老家的承包地面积比较大，大部分村人均10亩旱地，而且山里的草比较丰富，方便养羊放牧。生态移民之前，刘志高在顾家丈村的老家种了150亩地（自家和弟弟家两家免费，同时流转了其他人家的部分土地）。他擅长耕作和判断一些农作物的市场行情，根据土地要求和市场行情，他有时多种小麦，有时多种荞麦，每年可以获得4万~5万元的收入（包括用秸秆养羊的收入）。搬到三山井村后，全家只有9亩土地，且满是大石头无法耕种。刚搬来时，他骑着摩托车回去坚持把150亩地都种上，后来实在太不方面，路上也危险，就不回去种了，把原来的承包地以每亩15元的价格租给了种苜蓿的老板。这两年一直无地可种，空有一身种田的好本领。束义冲在老家也有将近80亩的土地，原来都是自己亲自耕种，搬迁到三山井村后，就不得不将土地租给种苜蓿的老板了。谢武河说，"老家是沙土地，种了容易长庄稼，而三山井村的土地土质比老家差很多"。

　　村民由忙忙碌碌的农业生产方式转变成比较闲适的非农生产方式。"以前我家种将近60亩地，养360只羊、2头犁地用的骡子，还有鸡、猪等"，谢武河家这种农业生产结构比较典型。"早上四点多就起来去放羊，到了八点，回来吃早饭，然后再去用牲口犁地，中午回来吃饭后，又去犁地，天黑前，赶快给牲口割些草。傍晚回家后，男人赶快喂骡子、羊、鸡、猪，女人急忙担水、做饭、做干粮、洗衣服"。这是几户访谈对象所描述的以前村民生产生活比较典型的常规日程。以前村民工种非常多，常年扮演耕地手、饲养员、炊事员、经营者、采购员等多种角色，"一年四季都忙忙碌碌，就没有穿干净衣服的时候，出去赶集时候穿一件像样的衣服，回来就赶快脱下来，害怕干活时弄坏了"，何英丽说。此外，孩子们都参与农业劳动。谢三宝说："当时家里太忙了，我们'80后'的娃娃们放学回来就赶快去放羊、割草，大一点的孩子得帮着父亲去犁地，一个村就没啥闲人。孩子们不爱上学，大人们觉得家里挺忙的，不想上学正好回来帮家里干活。"可知以前不论是在老家耕作的新移民，还是三山井的原村民，都是全家出动搞农业生产。而现在完全不一样了，新移民目前没有可以耕作的土地，原村民的耕地可以机械化作业，一家做农业生产只需要5~6个工。由于禁牧，大部分村民也不再养羊，大人都经常闲着，孩子们更不用参加劳动，如果不上学，就无事可干。

部分村民目前正挣扎着找合适的非农工作。谢武河夫妻俩身体健康，性格要强。从老家搬下来后，夫妻俩想办法找到了一份去石料厂里打工的工作，每个月可以获得3600元的收入。后来由于环保要求，石料厂被强制关闭，他和妻子就失去了工作。2017年11月，他想办法终于找到了帮另外一个新移民村安装自来水的工作，只是这个工作只干20多天就结束了。目前，又没工作了，他又积极去学电焊技术，虽然由于年龄问题不给他发上岗证书，他还是要坚持把手艺学下来，再想办法。束义冲搬过来后，先是发挥自己的特长，去帮一个老板家放羊5年，挣了一笔钱，这两年腿有些疼，不敢再高强度地奔跑了，他擅长养殖，想自己试着养些鸡，但不幸的是新村不太适宜养鸡。束义冲说，"要是在老家，我自己可以卖鸡、卖羊、卖些豌豆等，不仅靠自己解决生活问题，还可以帮衬一下外出务工的儿子，现在我能干活想干活却没活可干，还得给本来就生活很艰难的儿子增加负担"。年轻的谢三宝擅长安装，近几年开着一辆皮卡车给同心县、银川市拉建筑材料，安装空调、暖气，或者打零工，最近几天也没活干了，只能回家先待着。另外一些村民可能会去建筑工地上打些零工，或者有时政府需要招人到山上插柠条，但人数需求少，大家都争着抢着去。原村民贾花在访谈时告诉课题组，原村民和新移民有时会因为争一个干活的机会而发生冲突。

总之，目前三山井村周围的非农就业机会不能满足村民需求，虽然村民在身体上没有以前劳累了，但似乎精神上也没以前安宁了。而且，生态移民搬迁来之后，村里的闲人多了很多，再加上政府各类扶持资金的增加，赌博现象也逐渐变多。原村民谢三宝说，自从新移民来了后，村里闲人多了很多，一些人就聚在一起打麻将赌博。打麻将输钱影响家庭夫妻关系，甚至给个别家庭带来了灾难。前两年村里还出现过因为丈夫赌博输钱，夫妻俩闹矛盾，最后双双死亡的事件。

五　新移民家庭的收入来源明显改变

村民由全家一起搞农业转变成家庭分工搞非农业。在山里靠人力进行农业生产需要工种非常多，劳动量也比较大。成年人有犁不完的地、干不完的农活，小孩子放学后，总能找到自己适合的工种，比如放羊、割草、喂猪等。以前，几乎全家都在忙忙碌碌地搞农业。来自马高庄乡郭大湾村的谢奇有 4 个儿子，目前都 40 岁左右。原来在山上的老家时，4 个儿子不上学后，家里很忙，就直接帮助父亲犁地耕种 80 亩地，养一群羊，家里没水了，需要找车外出买水，也没时间出去打工。年景好的时候，可以收获足够的口粮，但有时年景不好，口粮可能不够吃。后来分家、搬迁，儿子们才陆续开始通过外出打工来获得收入。目前，大儿子通过打工，在外县落户，二儿子搬迁到另外一个村，三儿子和四儿子都搬迁到三山井村，这三个儿子主要以建筑小工为业，两位老人只是负责在菜园子种菜。谢武河家搬迁以前，儿子也是在村里干农活，后来被他送出去学手艺，目前，谢武河在家附近想办法打零工，而儿子在做开挖掘机的工作，收入相对来说还比较可观。刘志高家也是父母一代在村里打零工，两个已经长大的儿子都有一定的手艺，常年外出务工。谢三宝和父亲都外出务工，家里留下妻子和母亲打零工、照顾孩子。由于农业生产几乎不占时间，三山井村的家庭分工模式由全家一起搞农业，转变成父母一代在家门口打工、孩子外出务工的分工模式。

何英丽家开了一个小卖部，同时在小卖部里安装了黄河农村商业银行系统，可以帮助村民小额取款、转账汇款、信用还款，以及代理交医保、养老保险费用，另外，还帮村民在网上充话费；每取一笔款，小卖部可以获得 1 元的服务费，每交一次新农合医疗保险，小卖部可以获得 0.5 元的服务费，村民从政府得到的两种补贴款——农资补贴款项、数额较大的养羊补贴款，都可以

图 3-5　何英丽开的集多种服务于一体的小卖部

在这家小卖部里取到现金。一些老人腿脚不方便，有的连密码都不会按，在这家小卖部里都能得到满意的服务。由于三山井村民获得的补贴比较多，而且人口数量大，何英丽不用从事农业劳动，只需要经营小卖部就可以获得较高的收入。

随着大部分村民搬迁至三山井村，坚持留在山沟里的村民的生存空间得到明显改善，他们靠种地、养殖获得的农业收入比三山井村大部分人家的总收入还要高一些。课题组回访三山井村生态移民的来源地——马高庄乡张岔山村发现，那里向三山井村搬迁了 300 多户人家，至 2017 年 12 月，还有 30~40 户人家没有搬迁出去。

课题组访问了 2 户未搬迁出来的张武弟家和林芳芳家。张武弟家种了 120 亩地（60 亩承包地、60 亩流转地）。2015 年种西瓜 20 亩、玉米 50 亩，还有 50 亩地轮歇，纯收入达到 5 万元；2016 年，种了 40 亩西瓜、40 亩荞麦，纯收入达到 5.6 万元；2017 年种了 80 亩西瓜，获得 2 万元收入，由于遭遇灾害，获得 2.7 万元的补贴，纯收入共达到 4.7 万元。林芳芳家 2017 年种了 30 亩西瓜，由于没掌握好时机，也遇灾了，获得了 1.5 万元的补贴，玉米也遭遇旱灾了，收成不是太好。与张武弟隔了几个山头的林芳芳说，村里用地膜种玉米的人家收成很好，一亩可以产玉米 1000 斤，小麦产量可以达到 400 斤。如果农户种 100 多亩地，赶上好年景，一年的收入还是很可观的。而且，距离张岔山村不远的马高庄水库工程在 2017 年 6 月已经完工，该水库总容量为 2399 万立方米。假定

图3-6 移民搬迁后张岔山村废弃的村部和角落里的
"闽宁合作项目——张岔千亩基本农田建设区"石刻标识

一亩地一年需要24立方米的水来灌溉,该水库理论上可以灌溉周围100万亩的耕地。也就是说,在水库建好后,周围大片土质较好的旱地将变成水浇地,粮食产量将大幅提升。

图 3-7　课题组走访马高庄乡一户坚决不肯搬迁的农户

产业发展是贫困地区脱贫的重要保证，产业扶贫是精准扶贫的重要内容之一。自 2009 年启动生态移民搬迁启动以来，为了促进产业发展，各级政府积极为三山井村引进各种产业项目，并给予了大力的政策支持和财政资金扶持。经过多年的摸索实践，产业扶贫项目取得了一定成效，积累了一些经验。但是，由于在项目选择、扶持方式等方面存在一些问题，三山井的不少产业扶贫项目并没有取得预期效果，可谓"事倍功半、教训颇多"。

第一节　成功的产业扶贫项目：黑毛驴养殖

近年来，在养殖大户和养殖企业的带动下，三山井村的黑毛驴养殖产业发展势头强劲，已经为该村贫困户带来了一定收益，并积累了一些经验。

一　养殖大户带动的黑毛驴养殖项目

三山井村的生态移民专业养殖大户孙靖雄，2013 年3 月在三山井村牵头注册成立了同心县靖雄专业养殖合作社，申请获批农业设施建设用地 20.8 亩，先后投资150 余万元，于 2016 年建成建筑面积 4200 平方米的毛驴养殖场，投资 80 余万元购进各类农机具 18 台套，投资 180 万元流转耕地 7800 亩，用于饲草种植；吸收 19名退伍军人入股合作养殖毛驴，每人入股资金 5000 元，每年每人分红 300 元；带动 240 户入社贫困户入股宁夏德泽农业产业投资开发公司黑毛驴繁育基地，每个贫困户以政府贴息的银行贷款入股资金 5 万元，2016 年每个入股户从黑毛驴繁育基地获得分红 3000 元，2017 年入股贫困户的分红提高至 4000 元。截至 2017 年 12 月，合作社的毛驴存栏量达 142 头，出栏小驴及肉驴 73 头，每头毛驴的市场售价为 10000 元左右，纯盈利在 3000元上下。预计到 2020 年，合作社饲养基础母驴可达 500余头，年出栏小驴及肉驴约 500 头，年纯收入可达 150

图 4-1　三山井村靖雄黑毛驴养殖专业合作社

万元。近年来，合作社的养驴事业得到了三山井村民和贫困户的认可。

合作社之所以得到三山井村民的认可与支持，不断发展壮大，关键是做到了以下三点。一是带头人有丰富的毛驴养殖繁育与销售经验。孙靖雄在创办合作社之前，已从事滩羊、肉猪、毛驴养殖活动多年，积累了丰富的养殖和市场销售经验。二是养殖种类选择合适。由于毛驴耐粗饲、抗病能力强、易饲养，驴肉、驴皮价格高，市场销路稳定，养殖利润高，虽然饲养周期长，但养殖效益好。三是能给入社农户带来实实在在的经济收益。入社农户既可以在养殖场打工挣钱，又可以资金入股每年分红，利益联结较为紧密。不过，由于三山井村土地贫瘠，无法种植高产优质牧草、庄稼，因此养殖黑毛驴的饲草、饲料基本全部从外面购买，养殖成本非常高，如果没有稳定的销路，一旦遭遇市场的剧烈波动，黑毛驴养殖项目将会面临较大风险。

二 龙头企业带动的黑毛驴繁育养殖基地建设项目

宁夏德泽农业产业投资开发有限公司黑毛驴繁育基地是按照吴忠市人民政府、宁夏德泽农业产业投资开发有限公司、山东东阿阿胶股份有限公司签订的《三方战略框架合作协议》，于 2016 年 5 月，在三山井村投资建设的占地面积 1200 亩的现代化、标准化、集约化、规模化黑毛驴繁育基地，2016 年 9 月建成投产，至 2017 年 12 月，黑毛驴存栏量已达到 5000 余头，形成规模化养殖。黑毛驴繁育基地旨在充分利用当地养殖企业、合作社优势，积极探索"龙头企业＋基地＋合作社＋农户＋科技服务团队"的养殖模式，打造集牧草种植、毛驴养殖、屠宰加工、驴副产品（驴奶冻干粉、驴胎盘粉胶囊、孕驴血、孕驴尿、驴骨等）开发利用、终端销售等于一体的黑毛驴全产业链，通过发挥农业龙头企业示范作用，带动当地群众通过土地流转、入股分红、分户饲养、饲草种植及务工，增加贫困户收入。黑毛驴繁育基地投入运营以来，公司经营管理规范，产品研发能力强，市场需求旺盛，预计到 2020 年，繁育基地黑毛驴养殖规模将达到 1 万头。

宁夏德泽农业产业投资开发有限公司黑毛驴繁育养殖基地建设项目主要从五个方面增加了三山井村民尤其是贫

困户的收入。①土地流转收入。公司按照"23557"的流转土地付费模式，流转三山井村土地1200亩25年，其中第一个5年，每年为流转土地农户支付土地流转费24万元（每亩200元）。②接纳贫困户贷款投资入股每年分红。公司借鉴了养殖大户孙靖雄与贫困户合作的办法——让贫困户入股公司，并向其支付保底收益；2016年该公司已与三山井村首批加入养殖合作社的240户建档立卡户签订了合作协议，通过企业担保及政府基金担保，每户每年贷款5万元入股繁育基地建设，连续贷款入股5年，每年向贷款入股户分红4000元（第一年入股分红3000元），2018年贷款入股贫困户将达到480户。③增加本村农户务工收入。截至2017年底，黑毛驴繁育基地季节性用工人数已达500人以上，长期雇用员工40人以上，其中建档立卡贫困户达到70%，每人月工资3000元以上，为贫困户提供了季节性务工和长期务工的机会，增加了务工收入。④带动农户养殖育肥肉驴增加收入。计划到2018年3月至4月，黑毛驴繁育基地将生产小驴4000余头，公司将根据三山井村入股贫困户意愿，与入股贫困户签订饲养幼驴协议，由公司评估作价后提供6月龄的幼驴，并提供饲养技术指导和饲草料供应，由农户分户饲养3~4个月后，由公司按市场价收购，统一销售，每头肉驴可增加纯收入2000~3000元。⑤带动养殖基地周边农户种植优质饲草增加收入。三山井村耕地面积接近3.8万亩，受气候和水资源影响，种植粮食作物收益非常低，而种植牧草却有较高收益。黑毛驴繁育基地需要大量饲草，黑毛驴养殖产业的发展，可能会推动当地农户种植牧草，改变村内大量耕地撂荒的状况，进而增加其收入。

三 黑毛驴繁育养殖基地建设项目成功的经验

三山井村黑毛驴繁育养殖基地产业扶贫能够取得成功，主要有以下几点经验。

1. 产品有销路是产业扶贫项目发展的关键

黑毛驴养殖项目能够成功，首要的原因是黑毛驴的养殖成本低、饲草料较容易解决，产出的产品——驴肉、驴皮市场需求量大、价格高、效益好，有稳定的销售渠道。黑毛驴饲养管理技术要求较低，一般农户均可掌握，1头黑毛驴饲养1个周期（1年）可获得纯收益3000元左右，农户看到养殖效益好，愿意主动投资发展黑毛驴养殖。因此，选择适销对路的产业是确保产业可持续发展的关键。

2. 能人示范带动是产业扶贫项目发展的核心

发展产业，农民既缺信心，又缺技术和市场销售渠道。当有能人发展产业获得成功时，农民就会主动地向能人学习效仿，学习技术及经验、了解市场行情、寻求市场销售合作，跟着身边的能人发展同样的产业。靖雄专业养殖合作社的成功，增强了本村农户发展黑毛驴养殖产业的信心，带动部分农户主动投资养殖黑毛驴，产生了良好的示范带动效应。

3. 农户积极参与是产业扶贫项目发展的动力

产业发展最根本的是要农户主动参与，才能保证产业的可持续发展。靖雄专业养殖合作社产业项目的选择，是合作社创办人孙靖雄个人的选择，而不是政府和村"两委"拍板的结果。不论是孙靖雄本人，还是合作社的其他成员，都是自己主动参与开展黑毛驴养殖活动，都有发展黑毛驴养殖的积极性，风险要自己承担、养殖过程中的困难要自己去解决、养殖的产品要自己去找市场销路。因此，在产业发展中，人人肩上有压力，每个人都发挥了最大的主观能动性和创造性，确保了产业的顺利发展。

4.帮助贫困农户是产业扶贫项目发展的根本

宁夏德泽农业产业投资开发有限公司黑毛驴繁育基地的建成和发展，市场销售渠道的开拓、养殖品种的培育、现代养殖技术的推广应用、加工产品的研发、农户养殖产品的收购，为农户发展黑毛驴养殖业提供了可靠的保障，解除了农户发展黑毛驴养殖的后顾之忧。当然，要想达到预想的目标，扶贫项目必须将企业的利益和普通农户尤其是贫困农户的利益联结起来。不论是能人带动，还是企业引领，最主要的是要有一个合理的利益联结机制。黑毛驴产业的发展得益于靖雄养殖合作社和有关农业企业，在自身发展的过程中，以合同的形式和参与农户建立了稳定的利益分配机制，确保参与农户能够获得稳定的收益，合作社和企业的发展获得人力和财力支持，共同发展壮大。三山井村黑毛驴繁育基地的建设之所以能够获得成功，关键在于引进的企业既有雄厚的经济实力和强大的融资能力，又有产品研发、市场开拓的能力，并与当地贫困户建立了比较紧密的利益联结机制，有带动产业发展的能力和帮助贫困农户脱贫的良好愿望。

5. 政府支持是产业扶贫项目发展的重要保障

由于贫困地区和贫困户的经济基础薄弱，发展产业往往既缺资金，又缺基础设施。因此，扶贫产业的发展中，政府通过扶贫资金、融资贷款，帮助农户解决产业发展资金短缺、基础设施建设投入的问题，为农户发展产业奠定了坚实的基础。在黑毛驴繁育基地建设的过程中，县镇党委政府和村"两委"大力协调土地流转、融资贷款、与贫困户合作、劳动力支持等，为基地建设提供了良好的发展环境。在靖雄养殖专业合作社的发展过程中，相关部门和村"两委"在扶贫资金支持、农业设施建设用地审批、圈舍建设补助、农机具购置补贴、土地流转种草项目补贴等方面给予了大力的扶持，使合作社不断发展壮大。

第二节 失败的产业扶贫项目：从种植、养殖到光伏

近年来，在各级政府部门的支持下，三山井村产业扶贫先后选择了种植业、养殖业、光伏发电等扶贫产业，但从实施效果看，绝大部分产业扶贫项目已经因各种原因而终止或废弃，不仅没能给贫困户带来收益，而且造成了资源资金

的浪费，影响了三山井村民对政府的信任和扶贫工作的满意度。

一　种植业扶贫项目

自 2009 年启动生态移民搬迁安置工作以来，在种植业方面，三山井村重点开展了设施蔬菜种植、油用牡丹栽培、红葱及中药材种植、文冠果种植四大产业扶贫项目。除文冠果种植项目 2017 年刚刚开始实施，尚不知道能否产生预期效益外，设施蔬菜种植、红葱及中药材种植、油用牡丹栽培项目均未取得预期效益，而且连项目的前期投资也已经"打了水漂"，无法收回。按照时间顺序，三山井村种植方面的产业扶贫项目具体情况如下。

1. 设施蔬菜种植项目

2009~2010 年，在同心县发改局、农牧局的支持下，三山井村建成面积为 240 平方米（30 米 ×8 米）的大拱棚（也叫温棚）500 座，宁夏回族自治区财政支农资金为每座温棚补助 1000 元。乡镇农业科技人员负责技术指导，生态移民户负责经营，主要种植辣椒、西红柿、茄子、韭菜等蔬菜。在经营过程中，由于节水灌溉设施一直未能配套建设，灌溉水源只能使用人畜饮水水源，每立方米水费高达 4 元，加之一家一户分散种植，每户虽只有一座大拱棚却仍要耗费一个劳动力进行长期耕作管护，人工成本高昂，不能形成规模效益，而且蔬菜产品销售渠道不

图 4-2　三山井村未投入使用即遭废弃的温棚

畅、经营收益低下，全村蔬菜种植项目在勉强维持两年后停止实施。仅此项目，三山井村耗费财政资金 50 万元。截至 2017 年 12 月，三山井村所建的 500 座大拱棚基本全部报废，没有一个大棚取得预期效果，反而在农户宅院里留下了大量的工业垃圾。这一情况非三山井村所独有，国务院扶贫办暗访组在同心县其他乡镇的调查中也发现了这一问题，并在报告中指出"政府扶持建设的温棚几乎没有使用"。

2. 红葱、中药材种植项目

2014 年在实施扶贫整村推进扶贫到户项目中，三山井村在上级政府的安排下，将红葱和中药材种植列为本村的重点扶持产业，扶持 846 户贫困户种植红葱、银柴胡、党参等中药材 3000 亩，每亩补贴扶贫资金 200 元，共计补贴扶贫资金 60 万元。但一方面由于种植技术把握不到位，红葱产量低、

图 4-3　投资巨大但早已废弃的万亩油用牡丹种植基地

中药材出苗率低，另一方面种植周期较长，市场销路不畅且售价低，贫困户并没有从这些种植项目中获得收益。在实施不到两年后，红葱和中药材种植项目已经不了了之。至 2017年 12 月，村里已经见不到红葱、银柴胡、党参等中药材的影子。

3. 油用牡丹、甘草产业项目

为调整产业结构、培育壮大优势特色产业，2015 年下马关镇党委、政府加大招商引资力度，在上级政府的支持下，引进陕西万基恒业投资有限公司注册成立了宁夏瑞禾源农业科技有限公司，实施万亩油用牡丹基地建设项目，采取"企业+种植大户+基地+农户"的联合经营模式，集中流转三山井村 601 户的耕地 9069.92 亩，流转下马关镇北关村、西沟村、陈儿庄村的耕地 4223 亩，通过深翻起垄、改造节灌设施、人工定植、覆膜保墒等措施种植油用牡丹 13284 亩。项目预算投资 4 亿元，2015~2016年完成一期种植投资 3850 万元。2015 年，在下马关镇政府的支持下，另一家农业区企业宁夏同德生物科技有限公司进入三山井村，流转三山井村 117 户的 3304.47 亩土地，进行中药材甘草种植，当年完成节灌设施改造、播种等工作。

两个项目共计流转三山井村 718 户土地 12374.39 亩，户均流转 17.23 亩，土地流转期限均为 25 年，土地流转费实行"23557"——第一个 5 年每年每亩流转费为 200 元，第二个 5 年为 300 元，依次类推，流转费用一年一付并动态调整，已付清 2015 年每亩 200 元的土地流转费，共计 24.75 万元，付清 2016 年上半年租费每亩 100 元，共计 123.74 万元，土地流转户户均累计实现收入约 5100 元；本村劳动力务工收入 314 万元，人均劳务收入 530 元。

图 4-4 小麦地里已经种植上文冠果（远处是村里的庙和信号塔）

但自 2017 年初以来，由于上述两个公司资金链断裂，项目实施、项目管理因资金短缺而无法继续运行而停顿，项目管理人员已撤走，2016 年下半年及 2017 年农户的土地流转费尚未支付。以油用牡丹种植为例，耕地已经荒芜。为了避免引发矛盾，2017 年 8 月，下马关镇政府筹措资金，替宁夏瑞禾源农业科技有限公司向有关农户每亩地支付了 100 元（约定费用的一半）的流转费用。至 2018 年 7 月，上述两个项目还处于停滞状态。由于当初种植的油用牡丹全部枯死，设施也早已废弃，这个耗费大笔扶贫资金的万亩油用牡丹种植项目显然不会起死回生。

此外，三山井村目前正在尝试结合当地的退耕还林工程，推进文冠果种植项目。2017 年 9 月，下马关镇政府利用同心县实施退耕还林工程文冠果种植项目的有利时机，在三山井村组织实施了 4600 亩的退耕还林工程文冠果种植项目。目前项目实施进展顺利，文冠果苗木已经种植完成。每亩文冠果有种植施工费 35 元，另有种苗、薄膜费 115 元。文冠果种植的前 5 年，政府给予退耕农户财政补助，每年每亩地 200 元。除文冠果树的水土保持作用外，3~4 年后文冠果开始结果并产生一定数量的种子。文冠果种子可以作为油料，也可以用作中药治疗高血脂、高血压、血管硬化和慢性肝病等，目前市场前景较好。种植 5 年后，文冠果种子每亩产量可以达 150~300 斤，亩均收益预期在 500 元以上。但是，鉴于其他产业扶贫项目在建设初期的预期效果较好而实际效果很差，文冠果种植项目最终能否

图4-5　三山井村实施封禁保护（禁牧）的宣传标识

产生效果也受多方面因素的影响。5年后能不能收回投资并给三山井村的农户尤其是贫困户真正带来收益，还是一个未知数。

二　养羊产业扶贫项目

同心县是农牧交汇区。在2009年成为生态移民安置点之前，三山井村由于土地多，草原面积大，形成了家家养羊的传统。而且自本县其他乡镇（主要是马高庄乡的几个村）搬迁而来的山区生态移民，也有长期养殖和放牧的习惯。但受宁夏实施封山禁牧政策的影响，在生态移民迁入后，全村羊只养殖数已由2000年的2.3万只，下降到2011年的不足千只。为了充分发挥原村民和新移民的经验优势，帮助贫困户发展脱贫产业，三山井村在政府的支持下，将养殖业作为主要扶贫产业加以支持，重点扶持养羊、养驴产业。可惜的是，由于缺少牧草，且当地实施禁牧政策，养羊产业发展缓慢，效益也很不稳定，养羊户并没有明显增加。

2011年，三山井村"两委"组织农户开工建设滩羊养殖园区，园区占地面积260亩，由农户自筹资金96万元，捆绑圈棚改造、扶贫资金和结对帮扶资金32.6万元，总投资128.6万元，建成标准化圈棚120座，建筑面积24000平方米，涉及农户100户。2012年，由同心县农牧局投资300万元，在三山井村建设标准化圈棚300个，逐步推行园区化养殖。养殖园区由三山井村学功滩羊养殖合作社负责管理，采用"总支+基地+合作社"运行模式。每座圈棚可饲养育肥羊只40~50只，育肥期为70~90天，每年可育肥肉羊两批，年育肥规模可达3万只以上。

自2012年以来，政府各种支农资金和扶贫资金，大力扶持养羊产业发展，2014年实行精准扶贫以来，当地对建档立卡贫困户实行了项目到户扶持办法，支持贫困户养羊产业发展（见表4-1）。三山井村2015年获得金融贷款1155万元用于扶持滩羊养殖项目，其中：国家开发银行养殖贷款500万元，互助资金贷款325万元，妇女创业贷款330万元。2016年，村里又获得金融贷款1301.9万元扶持719户发展养殖业，其中：信用社贷款170户561.5万元，农业银行贷款26户80万元，村级发展互助资金贷款422户295.4万元，妇女创业贷款40户150万元，全民创业贷款61户215万元。

表 4-1 2012~2017 年三山井村整村推进养殖扶贫项目

年份	扶持养殖项目	扶持农户（户）	数量（只、个、头）	扶持标准（元/只、元/个、元/头）	扶持资金（元）
2012	圈棚建设	81	105	1600	168000
	基础母羊	81	1575	50	78750
	种公羊	81	105	800	84000
2013	基础母羊	27	1000	100	100000
2014	基础母羊	66	1000	100	100000
	养羊	847	5600	500	2800000
2015	圈棚建设	177	177	1600	283200
	基础母羊	177	2655	50	132750
	种公羊	177	177	800	141600
	养羊	656	2624	500	1312000
2016	养羊	1058	10580	500	5290000
	饲草补助	968	—	800	774400
2017	养羊	606	3636	500	1818000
	养牛	23	23	3000	69000
	养驴	57	114	1500	171000
	养猪	42	84	1500	126000
累计	建设圈舍 282 所、购置基础母羊 6230 只、种公羊 282 只、养羊 22722 只、养牛 23 头、养驴 114 头、养猪 84 头				13448700

政府花费如此大的代价扶贫养殖产业发展，按说三山井村的养殖业应该有很大起色，但实际上产业发展成效微乎其微。2015~2016 年，受宁夏羊肉市场低迷、饲草料供应成本较高的影响，大多养羊户将基础母羊低价赔本处理，到 2017 年羊肉市场价格回升时，基础母羊存栏数少导致村里的养羊业发展缓慢。截至 2017 年底，养殖园区仅有 7 户规模养羊户，全村分散养羊户不足 30 户，羊存栏数不足

图4-6 三山井村投资巨大但已停滞的光伏扶贫项目

3000只，全年出栏3000只。与当初设想的将三山井村打造为养羊特色村的想法相距甚远。养羊未能给三山井村的贫困户和养殖户带来收益，不少养羊户将羊只出售后，转而养肉牛和黑毛驴，至2017年底，三山井村贫困户已经购进母牛23头、黑毛驴114头。当初花大笔财政资金建设的羊圈大量闲置。国务院扶贫办暗访组调查发现，同心县的牛羊圈棚空置率很高，下马关镇部分获得养殖资金补贴的移民村，出现了"租借牛羊"应付检查的问题。

三　光伏扶贫产业发展

2015 年，在同心县委、县政府的大力支持下，自治区商务厅积极协调中民新能投资集团下属企业中民光扶（宁夏）有限公司选点三山井村建设村级光伏扶贫电站，装机容量约 7.8MWp，计划总投资 6655 万元。项目通过政府扶持、农户自筹（贷款）、企业帮扶等措施，采用院落、羊圈和小型集中电站模式，为 953 户贫困户每户安装 5 千瓦光伏发电设备，建成并网发电后，8 年贷款期内农户通过发电收益还贷，贷款期结束后可帮助农户平均每户每年增加 3000 元的稳定收益，将有效帮助广大贫困户实现脱贫致富梦想。然而，截至 2017 年底，光伏扶贫项目名义上仍在实施中，但实际上已经一年多没有任何进展。据村民说，是投资方经营不善，资金链断裂了。考虑全国光伏产业发展的现状，三山井村这一长期停滞且尚未产生任何效益的扶贫项目前景很不乐观。

四　产业扶贫项目失败的原因

三山井村实施的产业扶贫项目，大多数以失败告终，有的项目因农户无收益而夭折（设施蔬菜、红葱和中药材种植），有的项目因企业无力经营而中断（油用牡丹、甘草），有的项目因产业效益差而停滞不前（养羊），有的项目正在实施尚无效益可言（文冠果、光伏），产业扶贫项目失败的教训和存在的主要问题有以下几点。

1. 产业扶持项目选择主观随意性强

纵观三山井村失败的产业扶贫项目，虽然各级政府希望在短期内推进产业发展，带动贫困户脱贫致富，愿望很好，而且在其他地区相似项目也有不少成功的案例，但是在具体实施中，三山井村的产业扶贫项目主要是政府部门和村"两委"在强力推进，并没有真正发动群众。农户对产业扶贫项目的参与积极性不高，甚至不愿意配合。他们只是把产业扶贫项目作为获得政府补助的手段，而不是作为脱贫致富的途径，这导致扶贫产业经营发展中出现的一切问题都需政府解决。加重了贫困户"等靠要"想法，扶贫支持成为"养懒汉"，既浪费了国家资金，又丢掉了产业发展的机遇。

2. 产业发展基础设施建设不完善

有些产业发展本来是可以获得成功的，但由于在扶贫产业项目发展的过程中，过于注重生产环节的扶持，而不注重基础设施的配套完善与产品市场销售渠道的开拓，使扶持产业产品产量达不到设计要求，有了产品却卖不出去、成本高而收益低，导致农户不愿意发展而夭折。如设施蔬菜项目，虽然村里建设了500座大拱棚，但节水灌溉设施一直未解决，实际上这些大拱棚并没有利用起来。红葱及中药材项目每亩仅补贴200元的种苗费，而未配套建设节水灌溉设施、提供有效的技术服务和市场销售渠道，导致产量低且不稳、产品无市场销路，最后项目只能以失败而告终。养羊项目虽花费了大量的物力、财力，建设了大量的圈舍、补栏了大量的基础母羊，但养殖圈舍无供水、配套机具不健全、饲草料供应缺乏以及社会化技术服务短缺，导致养殖规模小、成本高、效益低，进而挫伤了农户的养殖积极性。

3. 产业项目扶持方式不科学

如何扶持才能促进产业项目的健康发展，是一个长期未解决问题。往往扶持方式不科学，导致有些产业发展过程中套项目、套资金的现象时有发生，致使扶贫项目盲目引进，轰轰烈烈推进，默默无闻停顿。如万亩油用牡丹、甘草种植项目中，项目流转土地政府每亩给予1350元补助，分三年补贴到位，企业盲目乐观为了追求财政补贴，直接流转大面积土地推进项目，既未在前期进行小面积的栽培试验，又未进行栽培技术示范和产品加工的技术研发，就进行大面积的投资和种植。企业最初实施扶贫项目动机不纯，再加上技术储备不够、经营能力不强、市场行情不好等，最终导致项目中途停止实施，连土地流转费都不能按时支付给农户。养羊项目也存在扶持方式不科学的问题——在政府统一购买发放了基础母羊后，由于当地禁牧，贫困户没有牧草，他们转身就可能去市场上卖掉或者直接宰杀吃肉。产业扶贫项目扶持方式不科学，影响了扶贫产业的健康可持续发展。

4. 产业发展效益差、带动性不强

政府扶持产业发展的目的是让贫困户获得可持续发展

的自身造血功能，但在扶持产业项目的选择、基础设施建设、技术支撑和社会化服务、市场开拓等方面不足，而且项目对农户的种植、养殖技术要求高、投入资金大，农户参与扶贫项目的能力不够、积极性不高，导致扶持产业发展投入产出效益差、项目带动性差，一些扶贫项目实际上成为企业、大户和个别农户套取财政资金的幌子。个别扶贫项目甚至会造成农户的生产性亏损，严重打击农户向扶贫产业项目投入精力和资金的积极性。

5. 产业发展利益联结不紧密

获取较高的收益是农户参与产业发展的动力，这就要求产业扶贫项目加强与农户尤其是贫困户的利益联结。但是，有的扶贫产业项目在实施过程中，与农户利益联结不紧密。如万亩油用牡丹和甘草基地建设项目，除流转土地的农户可以获得一定的流转费收益外，企业发展效益与农户没有任何直接的利益联系。这种与农民严重脱钩的扶贫项目，当然很难获得当地贫困户的认可和支持。

第五章

村庄精准扶贫面临的挑战

第一节 村民对扶贫脱贫的更多更高要求

一 贫困户对扶贫措施及效果不太满意

贫困户对扶贫工作及其效果不太满意，主要表现在以下五个方面。

1. 对确定谁是贫困户不满意

虽然三山井村共有 1564 户，其中建档立卡贫困户 1122 户，占比多达 71.74%，但村民对贫困户的选择并不满意。由表 5-1 可以看出，在 32 个随机抽样的建档立卡贫困户中，认为本村贫困户的选择"非常合理"和"比较合理"的比例合计只有34.38%，而认为"一般"、"不太合理"或"很不合理"的比例高达62.50%。也就是说，大部分贫困户并不满意贫困户的确定。甘肃省检查组也指出，同心县扶贫建档立卡工作存在贫困户确定程序执行不规范等突出问题。

2. 对政府部门为本村安排的扶贫项目不太满意

虽然三山井村的扶贫项目很多，有社会最低保障、养羊产业扶贫、油用牡丹生产基地、黑毛驴养殖项目、光伏发电产业、雨露计划、小额信贷等，几乎国家所有的扶贫项目在三山井村都能找到，但不少贫困户对为本村安排的扶贫项目不太满意。由表5-1可以看出，合计只有34.38%的建档立卡户认为本村安排的扶贫项目"非常合理"或"比较合理"，多达65.62%的贫困户没有对本村安排的扶贫项目给出积极评价，分别有15.63%和6.25%的贫困户认为本村安排的扶贫项目"不合理"或"很不合理"。

3. 对为本户安排的扶贫措施不满意

三山井村大部分建档立卡户享受了多种扶贫补贴，国家向三山井村投入了大量的财政补助资金。比如，2015年政府给予贫困户养羊产业扶贫资金2000元，2016年养羊产业扶贫资金增加为5800元。一些贫困户还享受每月220元的兜底资金保障，家里有孩子上高中的贫困户每年还可以获得2000元雨露计划的支持。但是，一些贫困户对"为本户安排的扶贫措施"并不满意。从表5-1中可以看出，没有贫困户认为为本户安排的扶贫措施非常合理；只有43.75%的贫困户认为，为本户安排的扶贫措施比较合理；

有 18.75% 的贫困户认为，为本户安排的扶贫措施不太合理。也就是说，在享受各种扶贫政策、获得大笔扶贫资金后，仍然有近 1/5 的贫困户对政府和村里为本户安排的扶贫措施不太满意。

4. 认为本村和本户的扶贫效果不够理想

虽然村里有各种扶贫项目，贫困户也已经享受了几年各种扶贫政策，但不少贫困户对整村的扶贫效果和自家的扶贫效果都不太满意。由表 5-1 中可以看出，没有受访者认为本村的扶贫效果非常好；只有 28.13% 的贫困户认为到目前为止本村的扶贫效果比较好；合计多达 68.76% 的贫困户对整村的扶贫效果不甚满意，给出了"一般"、"不太好"或"很不好"的评价。针对本户的扶贫效果，没有受访者认为扶贫效果非常好；只有 37.5% 的贫困户认为比较好；合计多达 59.38% 的贫困户不甚满意，给出了"一般"、"不太好"或"很不好"的评价。贫困户对三山井村整体扶贫效果的评价比针对本户的扶贫效果的评价更低。考虑到本村实施的大部分产业扶贫项目以失败告终，而到户资金比较有保障，上述贫困户对扶贫效果的评价差异不难理解。

5. 对自己家被调出建档立卡户不满意

在随机抽样的 32 户贫困户中，有 8 户被调出，成为脱贫户，其中只有 1 户（12.50%）对调出贫困户比较满意，主要原因是这户人的头脑比较灵活，经营能力比较强，在村里开了一个小卖部，并将村里取款、汇款的金融服务系统也放在小卖部，通过为村民服务切实提高了家庭收入顺利脱贫；6 户（75.00%）脱贫户可能还没有稳定的收入来源，或者收入达不到贫困户退出的标准，因而不满意脱贫结果。考虑到甘肃省检查组明确提出同心县精准扶贫工作存在脱贫人口"错退"现象，三山井村也可能存在"被脱贫""错退"问题，导致部分贫困户对自家脱贫结果不满意。

表5-1　2017年三山井村贫困户对本村扶贫措施及扶贫效果的评价

单位：%

问卷问题	选项	频数	占比	分类累积占比
本村贫困户的选择是否合理？	非常合理	1	3.13	34.38
	比较合理	10	31.25	
	一般	9	28.13	62.50
	不太合理	9	28.13	
	很不合理	2	6.25	
	说不清	1	3.13	3.13
	合计	32	100.00	
为本村安排的扶贫项目是否合理？	非常合理	1	3.13	34.38
	比较合理	10	31.25	
	一般	12	37.50	59.38
	不太合理	5	15.63	
	很不合理	2	6.25	
	说不清	2	6.25	6.25
	合计	32	100.00	
为本户安排的扶贫措施是否合适？	非常合理	0	0.00	43.75
	比较合理	14	43.75	
	一般	9	28.13	46.88
	不太合理	6	18.75	
	很不合理	0	0	
	说不清	3	9.38	9.38
	合计	32	100.00	

问卷问题	选项	频数	占比	分类累积占比
到目前为止本村的扶贫效果如何?	非常好	0	0	28.13
	比较好	9	28.13	
	一般	13	40.63	68.75
	不太好	6	18.75	
	很不好	3	9.38	
	说不清	1	3.13	3.13
	合计	32	100.00	
针对本户的扶贫效果如何?	非常好	0	0	37.50
	比较好	12	37.50	
	一般	9	28.13	59.38
	不太好	8	25.00	
	很不好	2	6.25	
	说不清	1	3.13	3.13
	合计	32	100.00	
你对认定你家脱贫结果是否满意?	满意	1	12.50	12.50
	不满意	6	75.00	75.00
	无所谓	1	12.50	12.50
	不适用	24	—	
	合计	32	100.00	

二 非贫困户对扶贫措施及效果评价不高

　　由于村里的建档立卡贫困户较多，非建档立卡户或者非贫困户一般是本村的村干部，以及教师、厨师等有一技之长且比较富裕的家庭。这些非贫困户对本村情况也比较熟悉，而且一般受教育年限更长、经济状况更好、社会地位更高，相对来说，他们的评价可能比较客观。然而，调查发现，非贫困户对本村的扶贫措施及扶贫效果的评价也不高。

1. 认为本村贫困户选择不合理

从表5-2可以看出，在33户非贫困户中，只有8户（24.24%）认为本村的贫困户选择"非常合理"或"比较合理"（且认为贫困户选择"非常合理"的是村书记）；有17户（60.61%）非贫困户认为本村的贫困户选择"一般"、"不太合理"或"很不合理"，这一比例与贫困户样本的比例非常接近。由于村里不少人对贫困户的确定非常在意，一些非贫困户对谁是贫困户抱着"不轻易表态"的心态，给出了"说不清"的选项。这些非贫困户有5户，占比为15.15%。

2. 认为针对本村安排的各种扶贫项目不合理，本村扶贫效果不尽如人意

表5-2的数据表明，在33户非贫困户中，仅有6户（18.18%）认为为本村安排的各种扶贫项目"非常合理"或"比较合理"；而有20户（60.61%）非贫困户认为为本村安排的各种扶贫项目"一般"、"不太合理"或"很不合理"。从表5-2可以发现，在33户非建档立卡户中，仅仅有5户认为本村的扶贫效果好，占比15.15%；有21户（63.64%）非贫困户认为本村的扶贫效果"一般"、"不太好"或"很不好"。即超过六成的非贫困户认为，本村的扶贫效果不尽如人意。可见，相当多的作为旁观者的非贫

困户，认为本村安排的各种扶贫项目合理性较差，而且本村的扶贫效果也不太理想。

表5-2　三山井村非贫困户对本村扶贫措施及扶贫效果的评判

单位：%

问卷问题	选项	频数	占比	分类累积占比
本村贫困户的选择是否合理？	非常合理	1	3.03	24.24
	比较合理	7	21.21	
	一般	7	21.21	60.61
	不太合理	10	30.30	
	很不合理	3	9.09	
	说不清	5	15.15	15.15
	合计	33	100.00	
为本村安排的各种扶贫项目是否合理？	非常合理	1	3.03	18.18
	比较合理	5	15.15	
	一般	5	15.15	60.61
	不太合理	14	42.42	
	很不合理	1	3.03	
	说不清	7	21.21	21.21
	合计	33	100.00	
本村的扶贫效果如何？	很好	1	3.03	15.15
	比较好	4	12.12	
	一般	9	27.27	63.64
	不太好	10	30.30	
	很不好	2	6.06	
	说不清	7	21.21	21.21
	合计	33	100.00	
您家是否直接享受过扶贫政策？	享受过	13	39.39	39.39
	没有享受过	20	60.61	60.61
	不知道	0	0.00	
	合计	33	100.00	

3. 抱怨自家没能直接享受扶贫的好处

当问及"您家是否直接享受过扶贫政策？"时，只有 39.39% 的村民回答"享受过"，其中 90% 以上表示仅曾经得到过领导看望移民村时发放的白面等物资福利，没有得到资金帮助，对于因生态移民和国家扶贫工作而享受了更好的基础设施、公共服务和优惠政策，则很少考虑。有 60.61% 的非贫困户甚至认为从来没直接享受过扶贫优惠政策。几户非贫困户甚至向课题组抱怨说："就因为我们家是有车、有公职、有城镇房屋的'三有家庭'，国家和村里的啥好处也没得上。"当课题组提醒他们，教育、交通、生活用水等都和扶贫攻坚密切相关时，一些受访者才承认，生态移民和扶贫脱贫确实也给自家带来了一些好处。

第二节　村庄扶贫脱贫工作的问题

从前面的分析可以看出，虽然政府和社会各界向三山井村投入了大量的财力、物力助其扶贫脱贫，但是很多村民，不论是建档立卡的贫困户还是非贫困户，对本村的扶贫措施和扶贫效果都不甚满意。之所以出现这种情况，主要是因为三山井村在开展扶贫脱贫工作时存在以下几点问题。

一 扶贫方式繁杂，村民对扶贫政策和工作"雾里看花"

由三山井村委的资料可以看出，该村与扶贫有关的资金有产业扶贫资金、低保补助（又分不同等级）、社保兜底资金、残疾补贴资金、教育补助、救灾救助资金、社会帮扶资金等，这些资金都分散发放和使用。即使是专业的审计人员，面对如此多而分散的、相互关联的扶贫资金的使用和投向，也颇感头疼，普通农民尤其是贫困户更是难以全面了解，他们只能听从村干部的政策解读，遵从村干部的工作安排。而各个扶贫资金都有相应的规定，村干部自身能力和品质实际上也不足以支撑如此需要智商的"村内扶贫资金配置 CEO"任务，因而引发各种问题。

1. 扶贫资金发放规则混乱、方式随意

在扶贫资金的发放上，村干部既没有按照扶贫资金本身的规则进行贫困户的瞄准，又没有根据村民实际情况来调配，导致扶贫资金发放随意性很强。例如根据《宁夏回族自治区农村居民最低生活保障办法》，农村低保补助的主要目的是让那些农村家庭收入低于当地最低生活保障标准的农村居民获得最基本的生活保障，主要针对那些残疾、年老体弱、丧失劳动力以及生存条件恶劣等造成的生活常年困难的农村居民。而社保兜底资金是针对贫困人口中一部分基本丧失和完全丧失劳动力能力、无法参与经济发展的人员，政府出钱承担"兜底"的责任以保障其基本生活。而产业扶贫主要强调通过对贫困户进行"输血",以达到"造血"的目的,针对的群体更多是能够从事产业劳动的人。因此,严格来讲,低保户、兜底户都应该评给那些没有劳动能力的、基本生存都有问题的人,而产业扶贫款项应该给予能够从事产业经营的农户,给他们启动资金,帮他们事业起步,靠自己的能力彻底实现脱贫。哪些农户应当确定为贫困户、什么样的贫困户可以拿到哪些脱贫补助资金,都有明确的标准。

但是课题组对 32 户贫困户的调查发现,三山井村对哪些农户可以认定为贫困户、哪些贫困户可以享受何种脱贫补助资金,在执行中界定很不清晰。首先,贫困户的选择比较随意。即使扣除 2016 年获得的各种贫困救济款,并将贫困线提高至家庭人均收入 5000 元,在随机抽取的 32 户建档立卡贫困户中,仍有 20 户(62.50%)不应被认定为贫困户,其中有 6 户(18.75%)建档立卡贫困户的家庭人均纯收入甚至达到 10000 元。其次,基层扶贫工作的"随意性"还体现在"吃低保"的农民选择上。一些村民在访谈时提到,2011 年三山井村曾推出"低保换劳动"——凡是愿意为村里打扫卫生的村民,可以享受每月 100 元左右本应发放给低收入群体的低保,但几个月后,以"负责打扫村里的卫生"为名获得低保的几名村民就只"吃低保"而不再打扫村里的卫生了。最后,对各类贫困户应当获得什么样的脱贫补助资金的界定十分含糊。有 13 户(40.63%)贫困户同时享受产业扶贫和低保资金,但为什么享受这两种而不是享受其他扶贫补贴，贫困户自己也说不清。

2.个别村干部为了不得罪人，在扶贫脱贫工作上搞起了"平衡术"

村里的一些村干部在执行扶贫政策时，还搞起了"平衡术"，试图让所有村民都满意。一些没能成为建档立卡户、未获得扶持资金的农户，将有机会被认定为"低保户""兜底户"。不是建档立卡贫困户，可以"吃低保"或者享受"兜底帮扶"政策。在随机抽取的33户非贫困户中，有6户（18.18%）为低保户。其中，有1户2016年家庭人均纯收入高达14608元，比全国平均水平高出2000多元，家中有一辆宁A牌照的小轿车，显然不是贫困户，然而从2017年开始，家里两个老人都开始领取每月180元的低保。另外，在课题组访问的建档立卡户中，还有两位老人的儿子、儿媳妇都在县城有稳定工作，老两口的户口都和儿子的户口在一起，但是两位老人不仅享受了建档立卡户的产业扶贫资金，而且从2014年开始，老两口开始同时吃低保。此外，有2个受访村民告诉调查员，村里有人"花钱"办了低保。由于进入门槛低、补偿稳定且不易退出，本来只有低收入群体才应享受的低保补助俨然成了"唐僧肉"，村里"吃低保"的人越来越多。至2017年，三山井村"吃低保"的人数比2016年增加了79人，达到463人，占全村常住人口的9.5%。在调研员深入访谈过程中，一些身强力壮的建档立卡户户主，虽然在2015年、2016年和2017年，已享受了2000元、5800元、7000元的产业扶贫资金，却还因为没有享受到低保补助和"兜底户"的优惠而抱怨不停，让扶贫工作在村民中完全变了味。在混乱不堪的规则下，扶贫工作出力不讨好，好心办坏事。

正是贫困户选择比较随意，帮扶资金发放不透明、不公正，致使很多村民对本村的扶贫工作及其效果都不太满意。在65个随机抽取的样本中，认为本村贫困户的选择"非常合理"或"比较合理"的分别只有1人和16人；认为针对本村安排的扶贫项目"非常合理"或"比较合理"的分别只有1人和12人；认为本村到目前为止扶贫效果"非常好"或"比较好"的分别有0人和13人。村民对村里扶贫工作、扶贫效果的意见，直接表现为2017年3月村"两委"换届选举时，不少村民质疑原村党支部书记、村委主任的扶贫资金分配，造成他们双双落选。

二 农户通过分户成为贫困户，混淆了扶贫与农民养老

确定谁是贫困户是精准扶贫精准脱贫最重要的基础性工作。在各级政府部门的压力下，三山井村委需要按照相关规定来识别贫困户。在识别方法上，宁夏回族自治区要求坚持"五比五看"：比家庭收入、看经济来源；比家庭资产、看消费水平；比家庭劳力、看劳动观念；比生活环境、看居住条件；比贫困程度、看致贫原因。而落实到三山井村这样的最基层单位，村"两委"也有一套看似严格的规则：家庭常住居民人均收入低于3000元，家中无非生产性用途的车辆及商品房，家庭成员中无财政供养人

员，家庭成员中无村委会干部、经营商铺或运输服务业人才，可以列入建档立卡户的成员；如果是先列入建档立卡户名单，后来买了非生产性车辆等，都会被动态调出建档立卡户名单。调查员在访谈过程中，从老百姓那里也深切感受到有没有非生产性车辆，确实是能否成为建档立卡户的硬性规定。但是，在三山井村贫困户确定时，不少农户利用了扶贫政策的漏洞。

1.很多贫困村民通过分户来获得更多帮扶政策和资源

从大山里移民出来的贫困村民，没有土地，无法通过耕种来为自己生产口粮，也没有空间养羊、养鸡等，无法为自己生产基本生存需要的蛋白质食品。尤其年纪大、无处打工的老人们，没有生活来源，只能想办法依靠扶贫资源。通过分户，丧失劳动力的老人可以达到低保户或建档立卡贫困户的标准，获得低保收入，运气好的话还可以通过一些产业扶贫资金来取得基本的生存资源。在课题组成员随机抽样的32户建档立卡户中，有17户存在分户的情况，其中有15户通过分户获得了更多扶贫款项。表5-3详细统计了17户贫困户的分户情况。

由表5-3可以看出，贫困户各家都有自己的难处。通过分户，大部分贫困户的老人可以享受到低保补助，儿子也可以顺利享受到产业扶贫资金。当然，有时儿子也可以"吃低保"，老人也可以享受些产业扶贫资金，有的老年人还可以享受"兜底户"的待遇。通过分户，一户每年可以多获得2000~10000元的扶贫补助金额，因此三山井村儿子和父母分户是非常普遍的现象，尽管实质是一个大家庭，但几乎家家都要在形式上进行分户来争取更多扶贫待遇。由于青壮年就业机会缺乏，生的孩子比较多，尤其在自己或者老人生病时，花费远远超过自己的支付能力，低保补助、产业扶贫资金等国家补贴成为一些贫困户的救命稻草。

可见，在三山井村，低保补助并不是最低社会保障要求的解决"保障低收入群体基本生存问题"；产业扶贫资金也不是要求的"为彻底实现扶贫帮助产业开展的启动金"。低保补助、产业扶贫资金等只是承担了给贫困户临时看病、救急的"输血"救济功能，给负担比较重的家庭减轻一些经济负担，很难让老百姓彻底脱贫。很多贫困户稳定的收入来源，不论是低保补助，还是产业扶贫资金，都被他们当成救济款，用于补贴家庭支出。在很多贫困户尤其是生态移民贫困户心中，生态移民时政府答应给他们分地、让他们增收等许诺没能兑现，他们没有收入来源，因此政府给予各种补贴是应当的。一旦停止给他们低保补助、产业扶贫资金等，哪怕稍有延迟，贫困户就颇有怨言。

表 5-3　2017 年贫困户家庭分户情况

编号	姓名	年龄（岁）	家庭基本情况	分户详情	分户结果
1	王林	44	4个儿女，上高中、高职，开支大，另外负担老人的各种开支，老母亲生病花了十多万，家庭负债累累	老两口一户，夫妻俩的小家庭一户，实际住在一起	老两口获得低保资金、产业扶贫资金，自己家获得产业扶贫资金

编号	姓名	年龄（岁）	家庭基本情况	分户详情	分户结果
2	刘志高	53	自己得了肾结石，二儿子生病，负担重	老两口与二儿子一户，大儿子一户，实际都住在一起	两户都未得到低保资金和产业扶贫资金
3	林冲	42	男主人得了肺结核，有建筑的手艺，可以做大工，收入可以，一个女儿一直生病，家庭开支也非常大	老父亲一户，夫妻组建的家庭一户	老父亲"吃低保"8年，老父亲的户也是建档立卡户，享受了2015年的2000元的产业扶贫资金，2016年调出产业扶贫项目，但开始享受"兜底户"待遇，每月220元。夫妻组建家庭是建档立卡户，男主人一直"吃低保"，享受产业扶贫资金
4	宋义冲	62	经济困难，有皮肤疾；儿子儿媳妇常年外出务工；老两口带孙子，家庭开支大	老两口一户，儿子小家庭一户	老两口中的一人"吃低保"，儿子小家庭是建档立卡户，享受产业扶贫资金
5	马有坤	48	女主人有甲亢，两儿一女，两儿正在上高中，家庭开支大	老母亲和二儿子一户，夫妻俩和一儿一女为一户	小家庭是建档立卡户，男主人"吃低保"，享受产业扶贫资金。老母亲也是建档立卡户，享受"兜底户"待遇
6	谢武河	57	老两口和儿子住在一起，搬迁盖房花了18万元，有债务	老两口一户，儿子一户	2017年2月分户，自己是建档立卡户，享受产业扶贫资金；儿子不是建档立卡户
7	刘胜利	36	无一技之长，家庭经济困难，女主人生病，老母亲常年生病，家庭开支大	老母亲单独一户，儿子的小家庭一户	老母亲"吃低保"，儿子的户是建档立卡户，获得产业扶贫资金
8	贾花	51	身体健康，儿女已成人，负担小	老两口一个户，儿子一户	老两口中一人"吃低保"4年，儿子的户是建档立卡户，享受产业扶贫资金

编号	姓名	年龄（岁）	家庭基本情况	分户详情	分户结果
9	龙六横	61	男主人生病、儿子儿媳妇在干建筑工作，大家庭年收入超过6万	老两口一户，儿子一户	老两口中一人"吃低保"8年，儿子的户是建档立卡户，享受产业扶贫资金
10	张仁义	65	两位老人生病，儿子在外打工，收入一般，家庭开支大	老两口一户，儿子一户	老两口中一人吃低保8年，儿子享受产业扶贫资金
11	武大保	66	男主人有腿疾，儿子家庭负担重，无法照管	老两口一户，儿子一户	老两口中一人"吃低保"6年，儿子享受建档立卡的各种产业扶贫资金
12	马林水	72	儿子在交通局上班，老两口身体健康，开支小	老两口一户，儿子一户	老两口中的一人"吃低保"5年
13	牟昊英	74	有三个儿子，儿子家经济条件都很好	老两口一户，每个儿子一户	老两口中的一人"吃低保"8年，三个儿子是建档立卡户，享受产业扶贫资金
14	赵兴士	60	有一个儿子，父子都在外面打工，户主身体健康，生活较宽裕	老两口一户，儿子一户	老两口中的一人"吃低保"5年，并且是建档立卡户，享受产业扶贫资金。分户后，儿子买了车，不影响老人的产业扶贫资金
15	刘江木	44	生了六个孩子，都未成年，自己在建筑工地上摔伤了脚，妻子有妇科病，老母亲刚做了手术	老两口一户，儿子一大家一户	老人的户享受了低保资金，儿子的户是建档立卡户，享受产业扶贫资金
16	黎长信	73	三个儿子，其中二儿子有残疾，老两口都有病，医药费由大儿子承担	老两口一户，三个儿子各一户	老人的户是建档立卡户，"吃低保"6年，2015年开始享受产业扶贫资金；每个儿子都是建档立卡户，都有产业扶贫资金
17	严树文	65	四个儿子，都在外打工，女主人有腰椎病，医疗开支较大	老两口和其中一个儿子一户，其他三个儿子每人一户	老人是建档立卡户，"吃低保"3年，并且享受了产业扶贫资金，还单独有宅基地（只是未盖房），儿子们都单独享受了产业扶贫资金

2. 不符合条件的非贫困户试图通过分户获得只有贫困户才能享受的补贴

为了使得家庭收益最大化，在名目繁多的扶贫项目实施时，收入较多、地位较高的非贫困户，也都用尽智慧来钻规则的漏洞，通过分户等办法，一个家庭可以享受多份资源。在 33 户非建档立卡户中，有 7 户存在分户套利行为，其中 5 户是通过分户享受到了扶贫资金的实际利益。从表 5-4 可以看出，为了让其他家庭成员成为建档立卡贫困户，享受相应的政策，非建档立卡户的家庭动足了脑筋。有 1 户甚至把丈夫的户口单独分出去，造成剩余家庭人口没有劳动力而成为低保户。还有独身老人 1 户，同时享受扶贫资金待遇和优秀儿子的赡养；另外，村干部不能成为建档立卡户，但可以将其儿子的车放在自己名下，儿子可以享受建档立卡户的各种待遇。

表 5-4　2017 年三山井村非贫困户家庭分户情况

编号	姓名	年龄（岁）	家庭基本情况	分户详情	分户结果
1	范彩虹	45	自己患结肠炎、胃炎，没收入，生活困难	女主人和两个孩子一户，丈夫一户	丈夫每年打工收入 3.6 万元，将丈夫单独分一个户，自己的户虽非建档立卡户，但可以享受低保
2	刘为夏	73	身体健康，有三个儿子，但独自一个人生活，生活开支较小	独身老人一户，三个儿子各一户	非建档立卡户，但享受了"兜底户"的待遇，另外三个儿子都会隔月给 500~1000元，生活比较宽裕
3	武强	47	当过村干部，身体健康，儿子一年收入可以达到 3 万元	老人和小儿子一户，大儿子一户	大儿子买了一辆车，挂在当村干部的父亲名下，因而也可以享受建档立卡户的优惠，以及产业扶贫资金

编号	姓名	年龄（岁）	家庭基本情况	分户详情	分户结果
4	廉向东	78	退休教师，收入高，有三个儿子，一个儿子在村里照顾他，另外两个儿子都在外地，非农户口	老人和其他非农户口的孩子一户，二儿一家一户	二儿子是建档立卡户，享受产业扶贫资金
5	谢红霞	58	儿子有装保温板的手艺，买了车做生意，老两口生大病，生活很困难	老两口一户，儿子一户	儿子为了拉砖做生意买车，车未在恰当的时间转户，父母被调出建档立卡户，儿子的低保也被取消
6	胡丽娜	27	丈夫外出务工，收入可观；公婆还在老家，未搬出来	老人和大儿子一户，刚结婚的小儿子一家一户	本来想通过分户获得建档立卡户的资格，但由于家里的车卖了，没过户，最后导致名下还有车，无法建档立卡
7	张强	57	村医，以前当过队长，两儿一女，经济条件都很好	在本村生活的大儿子一户，老两口一户	大儿子一直享受建档立卡户的产业扶贫资金，由于2016年买了车，就被调出建档立卡户了

当然，也存在不少农户想通过家庭成员分户享受更多扶贫政策而未成功的案例，演绎了一些看似有趣背后却很值得深思的故事。

案例5-1

谢红霞58岁（2016年），有一个有些轻微残疾的儿子，她本人得了肺气肿，有时呼吸都困难，丈夫得了脑阻塞、心肌缺血，家中的儿媳妇也患病，有2个孙子，家中4个大人中有3个病号。一家生活困难，本来是建档立卡户，可以享受一些产业扶贫资金，另外有轻微残疾的儿子还享受了低保，扶贫资金可以稍稍帮助这个不幸的家庭渡过暂时的难关。为了更好地生活下去，轻微残疾的儿子学习了装保温板的手艺，最近一年干得非常好，取得了可观的收入，为了提高工作效率，儿子买了一个卡车来拉砖，但根据村里大家都认可的规定，买了车就要被调出建档立卡户，所以儿子赶快采取了一个措施，将父母分户出去，将车过户到父母名下。但由于过户手续有个时间差，在检查儿子的户时，车还在儿子名下，所以儿子被调出建档立卡户，并且取消低保。但当父母准备申请建档立卡户时，车又已成功过户到父母名下，因此未申请成功。

案例5-1中，谢红霞一家3个劳动力有大病，套利也不是因为贪得无厌，而确实是被生活困难所逼，平时吃药花费大，新农合无法报销，在村里本来就混乱不堪的规则下，形势所逼，只能理解成所有的扶贫资金都是给村民的救济款，目的就是帮大家渡过难关，困难的家庭都应该得到。因此想着办法去套利，只是对规则不熟悉，套利未成功。村里的规则混乱，也没有人深入仔细了解贫困户真正的需求，真正需要而边际效用高的家庭未得到扶贫资金，不太需要而边际效用很低的家庭却获得了大部分扶贫资金。规则不公正、不透明，百姓不满意也无可厚非。

案例5-2

胡丽娜27岁（2016年），与丈夫从马高庄乡搬到三山井村。她在家带 1 岁多的孩子，丈夫到红寺堡打工，省吃俭用，一年可获得 2 万元的收入。胡丽娜丈夫是一个大家庭中的小儿子。50 多岁比较能干的公婆为了照顾小儿子，先利用移民搬迁的政策，先将他们家分户出来，在政府给的生态移民安置住房基础上，添一些钱给小儿子在三山井加盖了几间漂亮红砖房。公婆则继续在老家养羊。为了往返老家方便，胡丽娜家在搬迁之前买了一辆轿车，听说建档立卡户不允许有车后，就卖掉了。但为了享受更多扶贫政策，2017 年去申请建档立卡户时，胡丽娜被告知，名下有车。后来她才搞明白，车是卖了但未过户，还在他们名下，因此属于"三有"人员，空折腾了一圈，最后也未能成为建档立卡贫困户。

在案例 5-2 中，本来胡丽娜家不算贫困，在三山井村比他们家贫困的村民有很多，扶贫款项对他们家的边际效用非常小。但胡丽娜家认为国家的资金应该人人有份，并不会因为自己家庭相对富裕而不和真正的贫困户竞争扶贫资源。不能精准扶贫、扶真贫，导致村民对扶贫资金性质的认知产生了扭曲，认为是国家向村民发钱。于是不管是贫困户，还是非贫困户，都调动所有的智慧去争取一份扶贫补贴，实现家庭收益最大化。

村民为了满足贫困户标准而分户的行为，在全国比较普遍。据农业部农村经济体制与经营管理司的数据，与 2015 年相比，2016 年全国农户数量增加了 100 多万。考虑当前大批农民正在转变为市民、从农村户口转换为城镇户口，全国的农户数量不减反升，显示了扶贫脱贫工作的分户行为——本来是一户人家，为了获得扶贫补贴，分成两户、多户，甚至夫妻不属于一户人家，这浪费了扶贫资源，降低了扶贫效率。

三 上有政策下有对策，产业扶贫没能发挥应有效果

2015 年 11 月召开的中央扶贫开发工作会议和随后印发的《中共中央国务院关于打赢脱贫攻坚战的决定》明确指出，发展生产、脱贫一批。《中华人民共和国国民经济和社会发展第十三个五年规划纲要》把产业扶贫放在脱贫攻坚八大重点工程之首。2016 年 4 月，习近平总书记在安徽考察时强调，"产业扶贫至关重要，产业要适应发展需要，因地制宜、创新完善"。李克强总理在 2017 年政府工作报告中部署脱贫攻坚任务时，也明确提出要"大力培育特色产业，支持就业创业"。成功的产业扶贫让"输血"式的救济式扶贫转换成"造血"式的开发式扶贫，这种思路在湖北恩施、湖南湘西、江西赣州等地方取得了较大的成功，给贫困户创造凭借自己劳动致富的机会，使他们自食其力，获得收入，也维护了个人的尊严，是一种良性的脱贫攻坚方式。因此，产业扶贫在全国被强调。作为扶贫资源非常多的宁夏地区，产业扶贫也被作为重要的方式被提倡。"十三五"期间，宁夏将突出抓好"四个一"示范带动工程，即建设 100 个产业扶贫示范村、培育 100 家扶贫龙头企业、规范培育 1000 家扶贫产业合作社、提升发

展 10000 名致富带头人，重点在生态移民村积极培育扶贫龙头企业、产业合作社、致富带头人，充分发挥"两个带头人"作用，带动贫困户发展特色产业，拓宽农民致富路。[①] 而且政策严格要求，产业扶贫要根据各地资源禀赋、产业基础、群众意愿来定，但政策执行到基层，完全变了味。

就三山井村而言，产业扶贫项目多，但是成功的不多。根据三山井村提供的材料，产业扶贫的项目有种植地膜玉米、脱毒马铃薯、中筋小麦、小杂粮、中药材、胡麻、蔬菜、枸杞、葡萄、硒砂瓜、油用牡丹等花卉、多年生牧草；养殖肉羊、肉牛、基础母羊、基础母牛、驴、家禽、生猪等，三山井村给的材料里已实施的项目有：①宁夏商务厅来的第一书记庞龙来推动的电子商务进农村项目，三山井村拥有电商服务站；②村级光伏扶贫电站项目，中民光伏宁夏有限公司三山井村建设村级光伏扶贫电站；③万亩油用牡丹基地项目；④宁夏黑毛驴繁殖基地项目；⑤肉羊养殖补贴项目；⑥劳务技能培训；⑦金融小额信贷项目；⑧木瓜种植基地；⑨农户卫生建设项目；⑩温棚项目。项目很多，成功的很少，村民并没有感受到这些项目带来的好处。

1. 万亩油用牡丹基地项目彻底失败

被村里寄予厚望的万亩油用牡丹基地项目，本打算让村民一方面赚到土地的租金，另一方面在基地劳动获

---

① 宁夏回族自治区人民政府办公厅：《关于加快推进产业扶贫的指导意见》，2017 年 6 月 30 日。

得劳务收入,从而实现脱贫。但在实际操作中,虽然油用牡丹耐旱耐贫瘠,适合宁夏的气候,但是项目负责人并没有经营项目的能力,致使项目最终以亏本结束,于2017年"跑路",没有支付给村民每亩200元的地租,引收村民不满,为此政府最后给出租土地的家庭每亩100元,以安抚民心。目前,万亩油用牡丹基地已经全部荒芜,变成牧羊场,项目彻底失败。

2.养殖产业项目名不副实

产业扶贫资金完全变成救济款,失去了产业扶贫的核心功能。据村里的统计数据,三山井村共有12000头羊,全村1564户5934人农户共有羊棚553个,平均每3户有1个羊棚、每个村民2头羊。实际上,由于耕地贫瘠,没有牧草,而且当地禁牧,只有个别村民养羊。2015年2月,村民谢武河曾在扶贫项目的支持下买了30只羊,由于没有牧草,养殖成本太高,2016年11月卖掉了所有羊。62岁的束义冲告诉调查员,他在老家很擅长养羊、养鸡,但自从搬迁到三山井村后,家中所有吃的都需要买,羊需要吃草,鸡需要吃料,如果再买料买草,贫困户根本养不起。

按照当地产业扶贫资金的使用办法,贫困户必须从事养殖业才能获得项目资金。为了满足政策要求,获得更多产业扶贫资金,三山井村就成了"没有羊的养羊村"。对于养羊户,除了购置羊时每头可以获得100元补贴外,每年还可以领取一笔养羊产业帮扶资金,2015年、2016年和2017年每户分别是2000元、5800元、7000元,直接打到"养羊贫困户"账户上。在应付上级检查时，这些没有羊的养羊户需要从其他农户处"租羊"。有的检查只需要验收照片，所以村民就把村里仅有的几只羊轮流租到自己家拍照片，上缴照片后享受养羊扶贫资金待遇。

由于真正养羊的贫困户很少，谁可以成为"养羊户"进而获得产业扶持资金，实际上主要由村"两委"确定。村里材料显示，2017年72户贫困户每家16只羊，每只羊补助500元，每个未脱贫户发放8000元的产业扶贫资金，经过调查员核实，贫困户实际拿到的为7000元，其他1000元的去向成谜。不仅如此，兜底户、低保户的认定也主要由村里完成。这为个别村干部和一些农户"合谋"套取扶贫资金留下了操作空间。

3. 其他项目大多未能实现预期效果

贫困户束义冲告诉调查员，村里前几年盖的温棚、羊圈现在都荒废了，前几年建的沼气池也变成了垃圾坑，说是要给村民盖厕所的钱，但到老百姓手里，就换成1000块砖了。一些三山井村民开始疑惑，认为上面说项目的时候很大很好，但到老百姓手里的就很少了。目前，村里又把村北边的耕地以每年每亩200元价格流转了（村南边的地已经流转给油用牡丹基地，但实际上已经荒废近2年），要种植文冠果。几年来产业扶贫项目失败的经历，让村民并不看好这个项目。很多村民担忧种植文冠果成为又一次的"瞎折腾"。此外，三山井村还有针对妇女的一些小额信贷项目，每户可以获得贴息贷款几万元。课题组调研的65户村民中，有小额信贷的有14家。但绝大部分农户拿到小额信贷的钱后，并不是用来发展生产，而是用于生活开支，比如盖房、供孩子上学、支付医药费等，与小额信贷项目的本意相去甚远。

总之，三山井村的扶贫产业项目没有经过严格的前期论证，随意性很强，不仅浪费了宝贵的扶贫资源，而且使生活窘迫的贫困户日益对政府主导的各类扶贫项目失去信心，增加了其对扶贫脱贫工作的不满情绪。

第六章

关于易地扶贫搬迁及扶贫攻坚的
思考与建议

三山井村在生态移民、精准扶贫方面存在的很多问题是不断积累的结果，具有历史原因，难以彻底解决。不过，三山井村作为同心县乃至全国较早实施生态移民的典型村庄，相关问题暴露得比较充分，而且该村村民众多、构成复杂，扶贫脱贫工作更具挑战性。因此，基于三山井村生态移民和扶贫脱贫过程中出现的问题，进行一些有益的思考，并提出针对性的对策建议，无疑可以为其他地区的易地扶贫搬迁工作提供有益借鉴。

第一节　易地扶贫搬迁及扶贫攻坚的思考

一　政策设计

从同心县三山井村的情况来看，实施县内生态移民的整村搬迁和集中安置，初衷可能是好的，成本更低且可以最大程度上保留原有的社会结构和移民的生产生活方式。但是，对于同心县这种整体都比较贫困的国家级贫困县而言，县内生态移民的弊端也很明显。比如，三山井村需要原村民拿出一部分土地给移民户，实际上挤占了原本就不富裕且严重依赖土地的原村民的生存资源，因而原村民只肯将无法耕种的劣等土地交给移民户。而且，县内搬迁后将安置集中在一起，虽然可以更好地改善用水、用地、教育、道路等，但由于产业发展滞后，资源依旧缺乏，贫困并没有消失而只是在地理空间上更加集中。

2016 年 11 月，国务院的《关于印发"十三五"脱贫攻坚规划的通知》要求易地搬迁脱贫实现"两个确保"，既"确保搬迁群众住房安全得到保障，饮水安全、出行、用电等基本生活条件得到明显改善，享有便利可及的教育、医疗等基本公共服务，迁出区生态环境得到有效治理"，又"确保有劳动能力的贫困家庭后续发展有门路、转移就业有渠道、收入水平不断提高，实现建档立卡搬迁人口搬得出、稳得住、能脱贫"。显然，同心县三山井村在第一个确保方面做出了很多成绩，但是在第二个确保上明显不足。

易地扶贫搬迁是大事，必须做好充分的前期论证。《全国"十三五"易地扶贫搬迁规划》要求，易地扶贫搬迁必须"按照群众自愿、应搬尽搬的原则"。从三山井村的情况来看，同心县 2009 年生态移民搬迁的行政色彩浓厚，没有充分考虑农民意愿，而是按照传统的"吊庄搬迁"方式要求整村搬迁。实际上，从课题组对生态移民来源地——马高庄乡几个村庄的实地考察看，此处虽然生态脆弱，但植被水平远高于下马关镇，在 2017 年水库建成之后，农业生产条件也远超三山井村，留守的 30~40 户村民收入水平和生活状态远胜于已经搬走的同村人。对很多移民户来讲，搬迁不仅没能脱贫，甚至不如原来的生活状况。另外，从 2007 年开始生态移民至 2017 年 8 月，10 年间全县 20 个移民村建成的 17614 套移民住房，仍然有5819 套、占移民住房总数 1/3 的移民住房被闲置。按照每套住房 2 万元的投资计算，有 1 亿多元宝贵的扶贫资金被闲置达 10 年之久，无疑是巨大的浪费。上述情况都表明当初同心县启动的县内生态移民工程考虑不充分，启动过于仓促。

二 产业扶贫

产业扶贫是指以市场为导向，以经济效益为中心，以产业发展为杠杆的扶贫开发过程，是促进贫困地区发展、增加贫困农户收入的有效途径，是扶贫开发的战略重点和主要任务。产业扶贫是一种内生发展机制，目的在于促进贫困个体（家庭）与贫困区域协同发展，根植发展基因，激活发展动力，阻断贫困发生的动因。

需要肯定的是，同心县乡政府部门为了实现贫困家庭后续发展有门路、转移就业有渠道、收入水平不断提高，在产业扶贫方面做了很多尝试。但是，由于很多产业扶贫项目不符合当地情况而仓促上马，最终消耗了大量的财政资金，浪费了宝贵的扶贫资源。而且，政府主导下的产业扶贫主要是以租赁的方式利用农民土地，与村庄和村民的关系并没有太大关系。在产业经营业主"跑路"时，承担维稳压力的地方政府筹措资金垫付农民地租，农民和产业之间没有利益联结，致使无论是三山井村的村干部还是村民，都认为扶贫项目是企业和政府的事，和他们没有关系。

三山井村的产业扶贫还存在"大水漫灌"的情况，不论贫困户是否有技术、有意愿、有劳动能力，都可以获得产业扶贫资金支持。以养羊产业为例，产业到户资金已经成为三山井村贫困户最大的一笔收入，2017年每户拿到7000元。但是，为了保护生态环境，同心县将下马关镇设为禁牧区，农民不能放牧，养羊就需要购买草料，还要承担养殖风险和市场风险。对于贫困农户来讲，显然只领养羊产业补贴不养羊才是合理选择。

总的来看，产业扶贫所选择的产业要符合当地的自然条件和经济基础。对于三山井村来讲，如果能吸引服装加工厂等劳动力密集型企业，为大量闲置的农村劳动力提供就业机会，显然比发展土地集中型的种植业更为合理。

三 村庄落实

村庄是精准扶贫精准脱贫的最前线，直接关系到扶贫脱贫效果和村民对国家扶贫政策的评价。从三山井村的情况来看，当前村庄在扶贫攻坚方面存在明显的短板。之所以出现这种情况，主要有两个方面的原因。

一方面是扶贫方式繁多、资金分散，造成普通农民对扶贫工作不理解、不支持、不满意。三山井村与扶贫有关的资金有产业扶贫资金、低保补助（又分为不同等级）、社保兜底资金、残疾补贴资金、教育补助、救灾救助资金、社会帮扶资金等十多种，这些资金都是分散发放和使用的。即使是专业的审计人员，面对如此多分散的、相互关联的扶贫资金的使用，也颇感头疼，普通农民尤其是文化水平较低的贫困户更是难以全面了解，他们没办法真正参与其中，而只能听从村干部对扶贫政策的解读和扶贫工作的安排。这不仅降低了农民对国家扶贫政策的信任度及农民的获得感，还为村干部腐败提供了机会。

另一方面是村"两委"人手有限、能力不足，又不发动群众、依靠群众，很难将扶贫工作做细做实。三山井村由8个自然村组成，近6000个村民，村域面积达35平方公里，相距最远的农户之间步行时间接近2个小时，而村

"两委"班子只有 6 个人，而且普遍只有初中文化。客观地讲，即使没有其他工作，村"两委"只负责全村的扶贫工作，平均 1 位村干部要负责 1000 个村民，想把不断变化且种类繁多、程序烦琐的扶贫工作做细、做实，确实有不小的压力。比如，2017 年全村有 968 户村民脱贫，几个村干部很难做到挨家挨户通知，只能张榜公示，造成一些贫困户不清楚脱贫情况。

但是，每个村都有大量的闲置劳动力，为何不发动村民群众，将这些闲置劳动力利用起来，更好地开展扶贫攻坚工作？原因有两个：①上级下拨的贫困户指标超过实际的贫困户（按照各地政府划定的贫困线来确定）数量，只要保证真正贫困户享受各种政策和补贴，其他指标给谁都有合理性，因此难以做到公平公正；②让村民群众参与扶贫脱贫工作，会损害村干部甚至个别地方政府官员的利益。农村是人情社会，土生土长的村干部和个别县乡干部，既有平衡各方利益的需要，又有徇私甚至贪腐的动力。在访谈中，一位村民坦言，"党的扶贫政策是真好，可惜我们村山高皇帝远"。言下之意，村里的扶贫工作存在很多问题。作为需要养家糊口的农民，村干部一般会有私心，扶贫工作中不愿意发动群众，否则就损失了权力，丧失了"寻租"空间。村干部几乎完全掌控村里的扶贫工作，乡镇的一些工作要靠村里来完成，乡镇干部对村里的一些事情也睁一只眼闭一只眼，致使一些扶贫资金被各种关系户和乡村精英"俘获"。调查中有 2 位村民告诉我们，村里有人花钱办了低保。

第二节　易地扶贫搬迁及扶贫攻坚工作的建议

一　提高易地扶贫搬迁的包容性、协调性和综合性

易地扶贫搬迁是扶贫搬迁，目标是脱贫，手段是易地。与其他扶贫手段相比，易地的成本更大、风险更高。因此，除非是在《国家主体功能区规划》中的禁止开发区或限制开发区，或者是资源承载力严重不足的地区，易地扶贫搬迁应当是最后的选项，而且搬迁要确实能够起到"毕其功于一役"的作用，真正提高贫困户的内生发展动力，实现良性脱贫。易地而不能脱贫是典型的"穷折腾"。从宁夏回族自治区尤其是同心县的做法看，为了让易地搬迁能够实现贫困人口脱贫，必须更好地做好易地扶贫搬迁工作。这需要在以后的易地扶贫搬迁中做好以下几方面的工作。

1. 真正尊重移民的搬迁意愿和自主性，以灵活方式疏解贫困户和生态脆弱区的人口

不少地方的移民搬迁存在严重的行政化倾向，导致移民怨声较大。归根结底是不尊重农民的自主性，不相信农民能照顾好自己，背后是有关官员和政府部门的家长制作风和官僚主义思想。党的十八届三中全会要求，让市场在资源配置中发挥决定性作用和更好发挥政府作用。让市场在资源配置中发挥决定性作用，就需要区别对待不同类

型农户的差异化需求，尊重农民的自主性和自发性，让农民自己做主，政府引导帮助而非行政强迫。具体到移民搬迁，对于能够迁入城镇的，准许其处置农村资源资产，并给予一定的城镇安家补贴；对于愿意向本县或其他地区搬迁的，也应当制定差异化的补贴政策，既提供有土安置，又可以提供有产安置、有业安置；对于面临各种优惠帮扶政策仍不想搬迁的，只要当地的资源承载力允许，且所在地不属于禁止开发区或限制开发区，就应当准许其继续留在本地生存。

2. 将易地扶贫搬迁目的地扩大到市、省甚至全国范围

只有县内资源禀赋发展非常大、经济发展水平很不平衡的情况下，易地扶贫搬迁在县内进行才具合理性。对于地处西海固地区的同心县这类连片贫困区而言，县内移民只是让贫困户更加集中而已。考虑易地搬迁的根本目的是让贫困人口脱贫，移民搬迁安置点必须慎重选择。从农户分化的现实来看，一些农户可能想搬迁至本乡镇其他村、本县其他乡镇、本市其他县的乡村，也有一些可能直接选择搬迁至城镇，政府需要做的是为其离开生态脆弱区或连片贫困区提供政策和资金帮助，而不应该限定移民搬迁的去处。比如，可能有一些贫困户通过投亲靠友去东北或其他外省的农村从事农业种植或者养殖；也可能有部分农户想要去经济比较发达的东部地区定居。地方政府要做的只是提供资金支持和政策帮助。当然，不限制生态移民的趋向，可能会让本县内的集中安置点从 20 个减少为 10 个甚至更少，但是"农村要富

裕，就非得减少农民"①，更少的贫困人口不仅会减少地方的扶贫压力，而且有利于修复生态脆弱区的资源环境。

3. 改变易地扶贫搬迁和生态移民的集中安置为"插花安置"

近年来宁夏回族自治区开始尝试生态移民的"插花安置"。所谓"插花安置"，是将某个乡镇或村的生态移民打散后，分别安置在不同的村庄甚至不同的县，每个村庄只安置几户或十几户的移民安置办法。2013~2016 年，宁夏平罗县曾尝试"插花安置"了 1700 多户来自西海固的生态移民。其主要做法是政府以生态移民安置资金，收购迁入地农民的承包地、农村房屋（连同宅基地），并让其放弃集体成员身份，鼓励进城农户彻底离开农村、退出土地，将其退出的土地、房屋连同集体成员身份，一起转交给搬迁至本村的生态移民承包使用。② 由于平罗县地处河套平原，有"塞上江南"之称，农业发展基础很好，生态移民"插花安置"的总体效果很好。当然，由于这种安置对生态移民的生产生活方式和社会网络破坏较大，需要迁入地对"插花安置"的移民提供更多社区关怀。

4. 打通各项政策，以综合性改革保障易地扶贫搬迁农民的利益

易地扶贫搬迁涉及农民生产生活的方方面面。为了避免走回头路，减少改革隐患，在制定易地扶贫搬迁政策时，需

---

① 杜润生：《给农民创造一个更好的制度环境》，《中国改革》2000 年第 10 期。

② 刘同山等：《农村土地退出：宁夏平罗试验区的经验与启示》，《宁夏社会科学》2016 年第 1 期。

要综合考虑。下马关镇陈儿庄安置点的移民之所以要求老家的土地承包权，就是因为当初移民时配套措施不到位。理论上，农民只能是一个集体经济组织的成员，因而也只能获得一份承包地。农民在老家放弃的承包地、宅基地以及其他合法财产，要给予资金补偿而不能无偿划归国有。具体补偿标准可以参照征地办法。在给予补偿后需要注销移民户原来的土地及房屋土地及房屋权证，并在迁入地获得新的土地及房屋权证。除土地、房屋外，还需要统筹考虑国家给予农民的种粮补贴、养老及医疗保险、生态补贴以及贫困补贴等，该划转到迁入地的及时划转，能够一次性兑现的可一次性兑现。

二 合理选择产业扶贫项目，创新政府扶持模式

为了更好地发挥财政资金在扶贫攻坚中的作用，让产业扶贫项目带动当地贫困户和其他农户脱贫增收，需要完善现有的产业扶贫模式和政府扶持政策。

1. 科学选择产业扶贫项目，改革产业扶持模式

以户为单位的产业扶持模式，很难将产业做大、做强，也很难可持续发展。必须彻底改变产业扶贫"年年有项目、年年无发展"的状况，具体需要做好以下几方面的工作。①科学选择产业扶贫项目。必须坚持依据当地的生产要素和资源条件，选择产品市场有需求、产品质量高、销售有渠道、发展有效益、辐射带动能力强、适宜农户自己发展的种养、劳务及二、三产业项目，给予重点扶持和培育。对于新项目、新技术的引进，必须坚持试验、示范、推广

三步走的原则，坚决杜绝不经试验示范、一哄而上的产业扶持模式。②扶持产业园区化发展。为了充分发挥产业发展的规模效益，不论是种植业还是养殖业均应该实行园区化发展。种植业项目应集中连片发展，以便统一耕作、集中技术服务、集中产品销售等。养殖业实行出户入园园区化养殖管理，方便供电供水设施建设、养殖技术服务、粪便无害化处理、养殖环境管理等。③引进和培育龙头企业促进产业融合发展。龙头企业是先进生产力和产业融合的引领者，也是资源要素融合发展的推动者，在推进农业产业和农村一、二、三产业融合发展中具有重要的引领和带动作用。在农村特色优势产业的发展中，应积极引进和培育龙头企业，带动产业融合发展；但在龙头企业的引进过程中，必须严格引进条件、提高企业未来发展的预判标准，确保引进企业真正发挥龙头带动作用。

2. 加强产业基础设施建设，改革产业扶持环节

任何产业的发展都离不开完善的产业基础设施。因此，一旦选准产业发展项目，必须完善各个发展环节的基础设施建设，为产业发展提供可靠的基础设施保障。具体需要做好以下几个方面的工作。①大力扶持产业基础设施建设。应集中各类产业扶持资金，统一建设产业发展需要的基础设施。加大国家补助力度，集中建设、分户使用，提高基础设施建设使用效益。如扶持种植业产业发展，必须集中物力、财力，统一建设节水灌溉设施、保护地栽培设施、田间道路、产品贮存和冷链运输等现代农业基础设施。如扶持养殖业发展，必须统一规划建设养殖园区、供水供电、饲草加工、疫

病防治、技术培训、屠宰、产品贮运等设施。②大力扶持农业社会化服务组织发展。由于生态移民户均耕地少、庭院面积小，家家户户购置农机具既没地方放置，使用效率又不高。因此，应拿出一部分扶贫资金，集中扶持社会化专业服务组织发展，如发展农机大户、饲草加工专业户、产品运销专业户等各类社会化服务专业户，为产业发展提供社会化的专业服务。③加强产品销售市场开拓。产业的发展不仅要生产产品，而且要将产品销售出去，才能获得收益。仅仅依靠农户自己的力量跑市场、打销路，难以奏效，必须由大型企业主导、政府牵头，加强区域农产品品牌建设，积极组织开展"走出去"与"请进来"的产销对接活动，加大市场营销推介宣传，提供市场信息服务，支持农村电商发展，帮助农户建立市场营销渠道，切实解决产销对接问题，提高产业发展效益。

3. 加大金融支持力度，延长产业扶贫项目的贷款周期

积极总结和推广宁夏回族自治区固原市"财政＋金融＋产业＋扶贫"、盐池县"村级互助资金扶贫"等金融扶贫模式，全面实施金融扶贫工程，扩大产业发展项目贷款规模、贫困户贷款覆盖面，延长产业扶持贷款期限。由于农业产业发展周期长、见效慢，短期内难以获得较高收益，贷款期限短就会给贷款户造成巨大的还贷压力。因此将产业扶持贷款期限由目前的1年延长至3年为宜，支持建档立卡贫困户、种养大户、家庭农场、农民合作社、农家乐、涉农企业等农业经营主体发展地方特色优势产业。在目前已建立扶贫产业担保基金、成立融资性担保公司的基础上，进一步扩大产业扶贫

担保基金规模，提高贷款担保能力，增加扶贫产业贷款数量，有效缓解贫困户产业发展贷款难、担保难、贷款贵的问题。

4. 加大政府引导力度，强化产业扶贫项目与小农户的利益联结

在扶贫产业发展的过程中，如何让处于产业链底端的农户合理分享产业增值收益，是建立利益联结机制的关键。一方面要探索和完善产业利益联结机制。凡是获得国家财政补贴资金的农业主体，必须通过紧密的利益联结机制，带动普通农户尤其是贫困农户脱贫增收。目前，在产业扶贫中，各地积极探索"保底收益 + 二次分红"，农户以土地、贷款等要素入股企业，企业与农户建立合作发展关系，通过建立具有强制约束力的合同关系，确定合理的利益关系，有助于稳定合作预期、降低生产成本、提高产业发展效益，实现企业与农户的双赢。另一方面，政府要加强对农业企业、规模经营主体和农户的引导，鼓励农户以农产品销售订单、土地或资金入股等方式，与上下游的农业企业或其他规模经营主体建立有效的利益联结机制，实现生产、加工、销售、品牌培育等环节的有机整合，增加农业附加值。

三 发动群众和社会力量，改善村庄扶贫工作

按照一定的标准，贫困户的数量基本是稳定的。而且农村是一个熟人社会，村民对谁家真正贫困一般是有共识的。当前之所以在贫困户认定、扶贫资金使用等方面存在

问题，主要是由扶贫机制不够合理、基层干部不能胜任引发的。对此，可以从以下四个方面加以改进。

1. 互换第三方与基层干部在扶贫中的角色，改变基层扶贫机制

目前政府主要把贫困户认定等基础扶贫工作交给村干部，然后利用第三方对扶贫效果进行评估。但是，无论是主观上还是客观上，村干部都很难全心全意地贯彻落实中央的扶贫政策，第三方评估实际上也是事后的监督，难以从源头上保障扶贫效果。要把扶贫脱贫工作做细、做实、做好，在农村基层尤其是在村庄，需要一个没有利益关系的第三方来开展具体工作。下一步，可以反过来，让第三方作为扶贫工作的实施主体，负责贫困户的认定、扶贫资金使用及投向；让基层政府、村干部和村民共同对第三方的扶贫工作及效果进行考评、验收。专业的人做专业的事，有利于扶贫政策的贯彻落实。

2. 广泛发动群众，让农民真正了解并参与扶贫工作

习近平总书记指出，"群众路线是我们党的生命线和根本工作路线"。相信群众、依靠群众是扶贫工作的出发点和落脚点。但是，一些地方在扶贫时，主要依靠村"两委"干部，不肯发挥村里党员的先锋带头作用，更不愿也不敢发动普通村民。三山井村有160多个党员，但是目前来看，只有很少几个党员参与了村里的扶贫工作。针对这种情况，广泛发动群众，让普通党员和村民参与贫困户的认定、扶贫资金的使用，是从根本上解决贫困户认定不准确、扶贫资金"跑冒滴漏"等问题的有效举措。

3. 尝试将个体扶持转变成整体扶持，形成社区扶贫发展合力

如果只向贫困户提供扶贫资金，不注重社区的整体发展，社区经济、社会就没有活力，扶贫发展就没有内生动力。建议将贫困社区作为一个整体单元进行扶持，而不是将资金分散在家家户户，简单地给予资金扶持。扶持资金可以以能够带动的农户数量作为奖助标准，扶持真正想干事、能干事、会干事的能人带着贫困户发展产业，而不是家家给钱、户户扶持；也不是只扶持贫困户发展产业而不扶持一般农户发展产业。凡是在这个区域发展的、能够创造就业机会的，就应当给予扶持。通过这种涓流效应，激发农民内生动力和社区发展活力，形成全社会都支持扶贫脱贫的合力。

4. 整合各个部门、各种渠道的扶贫资金，统一分配使用

各种扶贫资金抱有同样的目标：既要满足贫困户的实际需求，提高他们获得持续收入的能力，使其脱贫，又要避免"养懒汉"、陷入福利主义陷阱。考虑到资金的同质性和目标的同一性，在改进基层扶贫机制的基础上，可以尝试将来自不同部门和渠道的扶贫资金在村庄层面整合使用。对于宁夏中部干旱带这类连片贫困区或其他有条件的地区，在充分保障贫困户脱贫的前提下，其余的扶贫资金可以有两种使用方式：一是转化为农村养老保险金，提高农村居民的养老保障水平，比如把每月农民养老保险金提高至 300 元，既能破解扶贫引发的农民分户问题，又能增强扶贫资金在区域内投放的公平性；二是用来建设村庄公共设施，或者购买村民所需的公共服务，提高村庄可持续发展的能力。

附　录

村级扶贫工作中存在的问题及建议

——以宁夏三山井村为例 *

　　村庄是扶贫攻坚的最前线，以"解剖麻雀"的方式研究村庄扶贫工作有重要意义。2016年12月和2017年8月，中国社会科学院"精准扶贫精准脱贫百村调研"特大项目子课题组在先后两次对宁夏三山井村（三山井村属于同心县下马关镇，地处宁夏中部干旱带，土地贫瘠，是省级贫困村。全村有耕地3.8万亩，因严重缺水，农作物产量很低，村里很多耕地被抛荒，实际耕种的不到1万亩。该村2009年开始承担移民搬迁安置任务，目前已安置搬迁户1090户4132人。至2016年底，全村有8个自然村1564户，户籍人口5934人，常住人口4868人，其中建档立卡贫困户1061户3797人）进行调查后，分析了该村扶贫工作存在的问题，并提出了相关对策建议。

一　村级扶贫工作的三个突出问题

1. "分户"混淆了扶贫与农民养老问题

　　确定谁是贫困户，是扶贫攻坚的基础性工作。现有的贫困户认定标准，是户内人均收入不高于当地的脱贫线

＊　　本调研报告作为课题的阶段性成果，发表于中国社会科学院（要报）《国情调研报告》2017年第三十一期，获得民政部黄树贤部长的批示。

（目前一般为 3000 元左右）。这诱使大量农民以"分户"的方式，让一部分家庭成员成为贫困户。在三山井村，很多村民尤其是没有收入来源的老人，通过与儿子等家庭成员分户，成为符合条件的"建档立卡贫困户"。在随机抽取的 31 户建档立卡贫困户①中，有 15 户通过"分户"成为贫困户，其中一户甚至把丈夫的户口单独分出去，再以缺乏劳动力为由成为贫困户。在随机抽取的 32 户非建档立卡户中，也有 7 户通过"分户"，使其他家庭成员成为贫困户。

为了满足贫困户条件而"分户"，不是三山井村独有。据农业部的数据，与 2015 年相比，2016 年全国农户数量增加了 100 万。在城镇化快速推进的背景下，全国农户数量不减反增，表明扶贫的"分户效应"突出。"分户"这种做法，把养老和扶贫问题混为一谈，是钻政策的空子，抢贫困户的资源，应当引起重视。

2. 贫困户、低保户认定的"随意性"问题

除"分户"问题外，村里的扶贫工作还缺乏"瞄准性"，对贫困户、低保户的认定过于"随意"。即便认为"分户"是合理的，并将脱贫线提高至家庭人均收入 5000 元，抽取的 31 户建档立卡贫困户中，仍有 20 户不应被认定为贫困户。他们中有 6 户家庭人均纯收入甚至达到 10000 元左右。一些村民还反映，2011 年，村里曾挪用

---

① 因后来课题组将 2 份质量较差、原本认为无效的问卷重新进行电话询问后确认为有效样本，故与本书正文相比，本附录中的贫困户和非贫困户样本都少 1 份。

几个"低保指标"来诱使村民打扫村内的垃圾，但几个月后，这些村民就只"吃低保"而不再打扫村里卫生。

另外，一些因家里有公职、有轿车、有股份而不能成为贫困户的"三有人员"，却成了"低保户"。在抽取的31户非贫困户中，有6户为低保户。其中一户2016年家庭人均纯收入高达14608元，比全国平均水平高出2000多元，且家中有一辆小轿车，显然不贫，然而从2017年开始，家里的两个老人都开始领取每月180元的低保。村里"吃低保"的人越来越多。至2017年8月，三山井村"吃低保"的人数比2016年增加了79人，达到463人，占常住人口的9.5%。本来只有低收入群体才能享受的"低保"俨然成了"大锅粥"。

3. 扶贫工作的"上有政策下有对策"问题

按照当地产业扶贫资金使用办法，贫困户养羊每年可以领取一笔帮扶资金，2016年、2017年分别是5800元、8000元。据村里上报的统计数据，全村共有1.2万头羊、553个羊棚，平均一人2头羊、三户1个棚。实际上，由于耕地贫瘠，没有牧草，而且当地禁牧，真正养羊的村民很少。2015年2月，该村贫困户谢武河曾在产业扶贫资金帮扶下买了30只羊，因没有牧草，养殖成本太高，2016年11月他卖掉了所有羊。没有羊的"养羊户"，需要从别处"借羊""租羊"通过政府认定或检查。三山井村成了"没有羊的养羊特色村"。由于大部分贫困户都不养羊，谁可以成为"养羊户"获得项目帮扶资金，主要由村里确定。这就为个别村干部与一些农户"合谋"套取扶贫资金留下了操作空间。

贫困户、低保户的认定随意，帮扶资金发放不公正、透明，让大部分村民对本村的扶贫工作产生了怀疑。在抽取的 63 个样本中，认为本村的贫困户选择"非常合理"或"比较合理"的分别只有 1 人和 16 人；认为本村扶贫效果"非常好"或"比较好"的分别有 0 人和 13 人。对村里扶贫工作、扶贫效果的不满意，直接表现为 2017 年 3 月村"两委"换届选举时，不少村民公开质疑扶贫资金分配问题，造成村支书、村主任双双落选。

二 村庄扶贫出现问题的主要原因

对于生态环境差、资源缺乏的三山井村而言，中央的扶贫脱贫政策是天大的好事。之所以没能把好事办好，主要有三个原因。

一是村"两委"人手有限、能力不足，很难将扶贫工作做扎实。三山井村由 8 个自然村组成，近 6000 个村民，村域面积达 35 平方公里，相距最远的农户之间步行时间接近 2 个小时，而村"两委"班子只有 6 个人，而且普遍只有初中文化。客观地讲，即使没有其他工作，村"两委"只负责全村的扶贫工作，平均 1 个村干部要负责 1000 个村民，想把不断变化且种类繁多、程序烦琐的扶贫工作做细、做实，确实有不小的压力。比如，2017 年，全村有 968 户脱贫，几个村干部很难做到挨家挨户通知，只能张榜公示，造成一些贫困户不清楚脱贫情况。

二是村干部既是裁判员，又是运动员，无法把扶贫工作做到公平公正。农村是人情社会，土生土长的村干部，既有平衡各方利益的需要，又有徇私甚至贪腐的动力。在访谈中，一位村民坦言，"党的扶贫政策是真好，可惜我们村山高皇帝远"。言下之意，村里的扶贫工作存在很多问题。作为需要养家糊口的农民，村干部一般会有私心，扶贫工作中不愿意发动群众，否则就损失了权力，丧失了"寻租"空间。村干部完全掌控扶贫工作，致使一些扶贫资金被各种关系户和乡村精英"俘获"。调查中，有2位村民告诉我们，村里有人花钱办了低保。

三是扶贫方式繁多、资金分散，造成农民对扶贫工作"雾里看花"。三山井村与扶贫有关的资金，有产业扶贫资金、低保补助（又分为不同等级）、社保兜底资金、残疾补贴资金、教育补助、救灾救助资金、社会帮扶资金等十多种，这些资金都是分散发放和使用。即使是专业的审计人员，面对如此多分散的、相互关联的扶贫资金使用，也颇感头疼，普通农民尤其是文化水平较低的贫困户更是难以全面了解，他们只能听从村干部的政策解读，遵从村干部的工作安排。这又埋下了村民不满意和村干部腐败的种子。

三　改善村级扶贫工作的对策建议

当前存在的贫困户认定、扶贫资金使用等问题，主要是扶贫机制不合理、基层干部不胜任引发的，可以从三个方面加以改进。

首先，互换第三方与基层干部在扶贫中的角色，改变村庄扶贫机制。目前政府主要把贫困户认定等基础性扶贫工作交给村里，最后再请第三方评估。但是，村干部很难全心全意地贯彻落实扶贫政策，而且第三方评估作为一种事后监督，也无法从源头上保障扶贫效果。要把扶贫脱贫工作做细、做实、做好，需要一个没有利益关系的第三方来开展这项工作。可以反过来，让第三方作为村级扶贫工作的实施主体，负责贫困户的认定、扶贫资金使用；让基层政府、村干部和普通村民共同对第三方的扶贫工作进行考评、验收。

其次，广泛发动群众，让普通农民真正参与扶贫工作。习近平总书记指出，"群众路线是我们党的生命线和根本工作路线"。农村是熟人社会，村民对谁家真正贫困有共识。但一些地方在扶贫时，主要依靠村"两委"干部，不肯发挥村里党员的先锋带头作用，更不敢让普通村民真正参与。三山井村有160多个党员，目前只有个别党员参与了村里的扶贫工作。相信群众、依靠群众是扶贫工作的出发点和落脚点。广泛发动群众，让普通党员和村民参与贫困户的认定、扶贫资金的使用，有助于消除贫困户认定不准确、扶贫资金"跑冒滴漏"等问题。

最后，整合不同部门、各个渠道的扶贫资金，在村级层面统一分配使用。考虑到扶贫目标的同一性，在改进基层扶贫机制的基础上，可以在村庄层面整合使用来自不同部门、各个渠道的扶贫资金。对于集中连片贫困区或其他有条件的地区，在充分保障贫困户脱贫的前提下，其余的扶贫资金可以尝试以下两种使用方式：一是购买村民所需的公共服务，比如大病医疗保险，或用来建设村庄公共设施，保障村庄的持续发展能力；二是转化为养老保险金，提高农民的养老保障水平和资金在区域内投放的透明性、公平性。

参考文献

杜润生:《给农民创造一个更好的制度环境》,《中国改革》2000年第10期。

李培林:《实施生态移民,实现精准扶贫》载王晓毅等《生态移民与精准扶贫——宁夏的实践与经验》,社会科学文献出版社,2017。

刘同山、孔祥智:《经济状况、社会阶层与居民幸福感——基于CGSS2010的实证分析》,《中国农业大学学报》(社会科学版)2015年第9期。

刘同山、赵海、闫辉:《农村土地退出:宁夏平罗试验区的经验与启示》,《宁夏社会科学》2016年第1期。

苏志龙:《全区中部干旱带县内20万生态移民工程在同心县韦州镇启动 同心县将搬迁13.3万人》,《吴忠日报》2008年3月17日。

同心县政府办公室:《同心县"扶贫+"脱贫富民模式获评"2017年度中国民生示范工程"》,2018年1月2日。

魏后凯、黄秉信:《农村绿皮书:中国农村经济形势分析与预测(2016~2017)》,社会科学文献出版社,2017。

中共中央文献研究室编《十八大以来重要文献选编(中)》,中央文献出版社,2016。

后　记

在中国社会科学院启动"精准扶贫精准脱贫百村调研"项目后，承蒙宁夏社会科学院李学忠处长帮助，宁夏社会科学院张耀武研究员同意参与项目，并向我推荐了宁夏同心县下马关镇的三山井村。三山井村有近 6000 人，其中 4100 多人为来自本县马高庄乡冯家湾、张家岔、郭大湾等村的生态搬迁移民。其中，张家岔村是张耀武研究员的故乡，很多三山井村的移民搬迁户听说过甚至认识他。这为课题组驻村入户调查奠定了良好的基础。张耀武老师不仅先后三次陪同课题组入村调研，还抽出宝贵时间，仔细地帮助课题组完善研究报告，对于课题的研究开展和顺利结项做出了重大贡献，向张老师致以最诚挚的感谢。

在 2016 年 12 月初第一次入村了解基本情况时，我感到三山井村扶贫工作虽然有一些亮点，比如基础设施建设、黑毛驴产业发展等，但很难提出可供其他地方学习借鉴的成功经验，很多做法体现出的主要是问题和"教训"。考虑到这一情况与原本立项时的设想出入颇大，我及时与总课题秘书处的檀学文主任沟通，并提出了更换样本村的想法。檀主任认为，问题和教训也是经验，可以为其他村庄避免类似问题提供借鉴，建议我换个思路，尽量客观真实地反映三山井村的扶贫做法及其他情况。本次调查主要了解了村里的整体情况，并与村干部访谈，完成了村问卷。2017年8月，课题组一行5人，第二次入住三山井村，用了7天的时间，完成了60多户农户抽样问卷调查，并搜集了村内农民分户、扶贫产业发展等方面的一些详细资料。

这两次入村调研后，我重新调整了研究报告的写作思路，并撰写了后来获得民政部部长黄树贤批示的题为《村级扶贫工作中存在的问题及建议——以宁夏三山井村为例》的研究报告。2017年12月，在启动课题一年后，课题组一行4人，带着思考和疑问，又到三山井村做了为期5天的专题调查，从县乡村获取了一些最新的相关材料。此外，为了更全面地理解生态移民、搬迁扶贫，课题组特意驱车几十公里，赴马高庄乡的几个村庄进行"源头"调研，并访问了2户至今不肯搬迁的农户。调研期间，我们得到了县、乡、村三级干部的支持和一些村民的热心帮助，再次一并表示感谢。

利用上述三次调研的数据和材料，课题组撰写了5万余字的结项报告初稿《扶贫搬迁、社区发展与贫困人口脱贫——宁夏三山井村个案》。根据魏后凯所长评审后给出的报告完善建议和出版社的修改意见，调整和增加了一些内容，最终形成了本书稿。由于近年来本人主要关注农村土地制度、农业经营主体方面的研究，很少涉猎扶贫和社区发展等领域，因此书稿肯定存在不足甚至错误，敬请大家批评指正。

刘同山

2018 年 11 月 30 日

图书在版编目（CIP）数据

精准扶贫精准脱贫百村调研. 三山井村卷：易地扶
贫搬迁与包容性发展 / 刘同山, 汪武静著. -- 北京：
社会科学文献出版社, 2018.12
　ISBN 978-7-5201-3560-3

　Ⅰ.①精… Ⅱ.①刘… ②汪… Ⅲ.①农村 - 扶贫 -
调查报告 - 同心县　Ⅳ.①F323.8

中国版本图书馆CIP数据核字（2018）第220819号

· 精准扶贫精准脱贫百村调研丛书 ·

精准扶贫精准脱贫百村调研·三山井村卷
——易地扶贫搬迁与包容性发展

著　　者 / 刘同山　汪武静

出 版 人 / 谢寿光
项目统筹 / 邓泳红　陈　颖
责任编辑 / 吴　敏　吴云苓

出　　版 / 社会科学文献出版社·皮书出版分社（010）59367127
　　　　　　地址：北京市北三环中路甲29号院华龙大厦　邮编：100029
　　　　　　网址：www.ssap.com.cn
发　　行 / 市场营销中心（010）59367081　59367083
印　　装 / 三河市东方印刷有限公司

规　　格 / 开　本：787mm×1092mm　1/16
　　　　　　印　张：11.75　字　数：113千字
版　　次 / 2018年12月第1版　2018年12月第1次印刷
书　　号 / ISBN 978-7-5201-3560-3
定　　价 / 59.00元